人人都受過兩種教育：
一種是受教於他人，
一種是受教於自身。

——英國歷史學家　吉朋

自勵的勇氣

〔英〕塞繆爾・斯邁爾斯／著

作者的話

《自勵》一書寫於一八五六年，一八五九年正式出版問世。這本書的創作動機是由一個很小的事件所引發。當時，我給利茲市一些迷茫無助的年輕人做了幾次有關人生問題的講座，這些講座都是在一個曾經被用作臨時霍亂病房的地方舉行。我在演講中儘量讓他們明白：在人生的歷程中，人的幸福生活很大程度上要依靠自身的努力——依靠自己的勤奮、自我修養、自我磨煉和自我約束；但首先是依靠誠實、正直和認真負責的態度。正是這些品行塑造了人類堅毅果敢的人格。

這些演講的效果之好，遠遠超出了我的想像。很多年以後，我發現，那些曾經聽過這系列講座的年輕人，很多都成為講信用、負責任的人，進入對社會有益的工作崗位。他們中的一些傑出人物甚至把自己在人生中取得的巨大成就歸功於我的那些講座對他們的啟發，稱我的那些演講內容是引導他們一生的「精神導師」。

受這一件事的鼓勵，我遂計劃就上述主題撰寫一本書。畢竟，書籍要比演講的傳播面更廣。於是，每當白天的繁雜事務結束之後，我就利用晚上的空閒時間筆耕。我把這本書取名為《自勵》，因為我發現這個書名非常切合本書的主題。

一八五九年十一月，這本書在英國首次出版，很快獲得始料未及的歡迎和讚譽。出版當月，本書就連續重版四次，接著被翻譯成各種文字，在歐洲多個國家發行；遠至印度和日本，也被翻譯出版。一八七一年，本書在日本首次出版時，發行量竟達一五〇多萬冊，成為日本人民最喜愛的書。在美國，《自勵》一書的出版次數和讀者群遠遠超過英國。本書剛在英國出版，美國就馬上出現了盜版，而且可以說泛濫成災。我對此無能為力，因為盜版行為受當時美國法律的保護。

偉大的功績都是偉大的遺產，後代將從中受益無窮。從先人的所作所為來看，我們可以預知人類在未來能夠完成什麼樣的業績。一個偉大的人生，儘管會隨著生命的結束而終結，但是，它將永遠成為昭示人類力量的里程碑。誰能登上人生職責的最高峰，誰就是他所屬族群中最傑出的人物！

第一章

到底什麼人在掌握命運？

I・艱難和困苦是一筆財富

偉大的傳記，特別是那些品行良好之偉人的傳記，往往讓無數讀者深受啟發。其中，那些偉大人物的傳記無異於帶給人類的福音——它教給人類和世界一種高尚的生活、高貴的思想和充滿生機活力的行為模式。這些有價值的榜樣充滿說服力地展示了自立、堅定的決心、不屈不撓的奮鬥和堅守良知所表現出來的偉大力量，這種力量表現在真正的高貴、氣宇軒昂的性格品質的形成之中。

科學、文學和藝術界的偉人——偉大思想的傳道者和偉大心靈的使者——他們並不是不食人間煙火的神聖，他們屬於生活中各種不同的階級或階層的人，他們同樣來自窮苦人家的茅草房或富貴人家的高樓大廈。甚至某些最偉大的上帝的信徒也是來自社會「各階層」。最窮苦的人也有位極頂峰的時候，在他們走向成功的道路上找不到被證明是根本不可戰勝的困難。

相反，這些困難在很多情況下，已被證明是他們最好的幫手。因為這些困難能

使他們在工作中激發出堅忍不拔的力量，並把這種力量轉化成生活中的本領和技能。否則，這些技能就只能潛藏在人的內心深處而不會受到開發、利用。

沒有人當真瞭解莎士比亞的確切出身。然而，不容置疑的事實是：莎士比亞出身於一個社會底層的家庭。他的父親是一位賣肉的屠夫兼牧場主。孩提時代，家裏人希望他將來成為梳毛工，其他人則斷言他是塊學校看門人的料，往後至多成為替人代寫文書的捉刀人的助手。

他似乎真的不像是只適合幹一種事情的人，而是整個人類的縮影。由於他對海洋事務的遣詞造句是那麼準確精當，以至於一位職業海軍作家竟然宣稱他過去肯定是個水手；而一位神職人員則從莎翁著作中所顯示出的種種內在的跡象推斷出他很可能曾是個牧師的祕書；一位出色的鑒馬伯樂則堅持認為他必定曾是個馬販子。

莎士比亞真可謂是個演員。在他的人生歷程中，他「扮演了無數角色」；他從自己經歷和觀察到的廣泛視野裏收集、貯藏了無數豐富多彩的各種知識。在任何一個事件中，他都是一個細心好學的學生和刻苦的工作者。直到今天，他的著作仍然對英國品格的形成繼續發揮著強而有力的影響。

在普通勞動者的陣營裏產生了工程師布蘭德雷、航海家庫克和詩人伯恩斯。泥瓦工和砌磚工可以以本・約翰遜而自豪，他在倫敦的林肯法學院大樓裏工作的時候，手中拿著鏟灰刀而衣袋裏裝著一本書。此外，成為工程師的愛德華茲和德爾福特，成為地理學家的休．米勒，成為作家和雕刻家的阿蘭．卡林漢姆等人都是泥瓦工們引以為自豪的榜樣。在眾多傑出的木匠中，我們發現了建築師伊利戈．瓊斯，天文鐘製造者哈里遜，生理學家瓊．亨特，畫家羅姆雷和歐比以及雕刻家的約翰．吉卜生。

裁縫出身的人之中最偉大的人物毫無疑問是安德魯．約翰遜，他曾任美國總統——這是一個具有超常性格力量和才華出眾的人。他在華盛頓的就職儀式上發表演講，說他的政治生涯其實從他當市議會議員的時候就已經開始。當他在立法機關各部門之間往來穿梭時，人群中有個聲音突然喊道：「這是個裁縫匠出身的人！」

在美好的事物中摻雜點人為的嘲諷，這是約翰遜的性格特徵。「某些先生們說我過去曾是個裁縫匠。這根本沒有使我感到難堪。因為當我是個裁縫匠的時候，我享有一個優秀裁縫匠的良好聲譽，而且我特別勝任自己的工作。我總是對我的顧客熱情周到，並取得了出色的業績。」

在那些對令人肅然起敬的天文學做出偉大貢獻的人物當中，我們發現了哥白尼，一位波蘭麵包師的兒子；開普勒，一位德國小旅館老闆的兒子，曾當過「有歌舞表演之餐館的服務生」；達隆巴特，一位棄兒，一個寒冷的冬夜，在巴黎聖讓宏德教堂的臺階上被人撿到，由一個玻璃安裝工的妻子撫養長大；牛頓和拉普拉斯，牛頓是格雷哈姆附近一個地產商的兒子，拉普拉斯則是漢弗勒爾附近的波蒙特奧奇一位貧窮農民的兒子。

儘管在他們的早年生活中都身處於如此不利的困境，這些傑出人物通過發揮他們的天賦，最終都取得了堅實而永久的聲譽。這是人世間任何財富也無法買到的。事實證明，擁有財富比低賤的出身條件對人生的成長起了更大的阻礙作用。

天文學家和數學家拉格朗日的父親在都靈擔任戰時財務主管。然而，他父親的多次投機活動把家產全部賠盡了，導致他的家庭重回貧窮的深淵。功成名就以後，拉格朗日還習慣於把他的功名和幸福歸功於當初艱難的生活條件對他的磨煉。

「如果當初一開始我就富裕的話，」他說：「我很可能成不了數學家。」

在用自己的勤勞和創造能力戰勝貧窮的厄運而取得輝煌成就的個人傳記方面，外國人的數量絲毫不比英國人少。

在藝術界，我們看到了克勞德，一個糕餅師傅的兒子；吉福斯，一個麵包師傅的兒子；利奧玻德．羅伯特，一位鐘錶製造商的兒子；海頓，一個輪子修理工的兒子；而達格爾勒則是一位歌劇舞臺上的畫家。格雷戈里七世的父親是個鋸木匠；薩克特斯五世的父親是一個牧羊人；阿德利安六世的父親是個窮困潦倒的駁船船員。

孩提時代，阿德利安甚至無力支付學習的照明費用，只好借助街道上的燈光和教學的火把完成他的功課。這表現了他未來終於成為傑出人物所具有的那種吃苦耐勞和勤奮的精神。

在法國、英國及其它國家所湧現出來的上述一系列事蹟，即通過憑藉自己堅忍不拔的努力和充滿活力的奮鬥，從而把自己從最低微、辛勞的社會底層提升到對社會發揮作用和影響力的社會上層的傑出地位，這類事例是如此眾多而廣泛，以至於這種情形再也不能被當作是生活中的例外情況看待了。

在國會議員中還有一批同樣出身低賤的人仍然健在。

林賽先生是眾所周知的船舶業主，直到最近還是桑德蘭地區的國會議員。一次，在回答政敵對他的攻擊時，他把自己生平中的一個樸素的故事告訴了威蒙斯選區的選民。

14歲時，他就成了孤兒。當他離開格拉斯哥，前往利物浦的時候，他身無分文，連盤纏也沒有。船長同意帶他走，但他必須提供勞動作為交換，即這孩子必須在輪船上為蒸汽鍋爐不斷鏟送煤，以換取他此行的路費。

到達利物浦之後，整整七個星期，他找不到工作。這段日子，他忍饑挨餓，住在茅草屋裏，幾乎要絕望了。直到最後，他終於在一艘船上找到了容身之所；他上船當了童工。由於他良好的品行和吃苦耐勞的精神，在19歲之前就被提升為船長。23歲時，他退出了海上作業，從事岸上業務。之後，他進展很快。

「我興旺發達了！」他說：「通過堅持不懈的努力，持之以恒的工作，以及時刻堅持設身處地為別人著想的偉大原則，我走向了成功。」

個人的辛勤實幹是取得傑出成就所必須付出的代價，任何一種傑出成就都必然與好逸惡勞的懶惰品行無緣。

即使一個人出生於富貴和社會上層之家，他若想獲得穩固的社會聲望，也得靠努力的作為才能成功。因為，雖然幾英畝的土地可以傳承給後代，知識和智慧卻無法傳承給後代啊！富裕之人也許可以雇用別人為他們幹活，卻不可能通過這些人的勤奮，獲得這些人為他們幹活的思想，或者從中買到任何形式的自我教養之成果。事實上，任何事業之追求中的優秀成就，都只能通過辛勤的實幹才能取得。

可以這麼說，富裕和閒適對一個想達到最高教養的人來說，是毫無必要的東西。安逸閒適和奢侈浮華的生存狀態無法把人訓練成艱苦奮鬥或敢於直面艱難險阻的人，也不會喚醒人們認識到朝氣蓬勃、精力充沛和有效的行為在生活中所煥發出的巨大力量。

實際上，貧窮非但不會導致不幸和痛苦，通過吃苦耐勞、堅忍不拔的自助實幹，它也許會轉化成一種幸福；它能喚起人們奮發向上的激情，並為之勇敢地戰鬥。在這種奮鬥的過程中，某些意志薄弱者也許會通過自甘平庸或墮落，換取閒適、安逸。反之，那些精神健康和心靈堅定頑強的人則會從中獲取他們的力量、信心和勝利。

培根說得好：「人類沒有很清楚地理解他們的財富，也沒有很深刻地理解他們的力量。對於前者，人們竟把它信奉為無所不能的東西；對於後者，人們又太不把它當一回事，對自己的力量太缺乏信心。自力更生和戰勝自己將教會一個人從他自身力量的水池中汲取動力，從自己的力量中品嘗到香甜的麵包，學會正確地勞動以供養自己的生活，並認真地擴展服務於自身之職責的美好事務。」

富裕對貪圖安逸和自我放縱的人來說，是一個巨大無比的誘惑；尤其對那些被欲望所駕馭而缺乏自制的人來說，更是如此。因此，那些出身於富貴人家的人，絕大多數仍然能夠在他們這一代克勤克儉，積極努力地工作。他們「蔑視享樂而生活在辛勤勞動的時光裏。」——這是一件榮耀的事。

2・自立，但不拒絕幫助

詩人華茲華斯說得好：「自助和受助這兩件事物雖然看起來相互矛盾，但它們必須相互結合才能達到最好——高尚的依賴和自立，高尚的受助和自助。」從搖籃時代到躺入墳墓，所有的人都因受撫養和受教育而或多或少受人恩惠；那些最優秀的人和真正的強者往往最樂意承認和接受這種幫助。

法國作家阿列克西斯．德．托克維爾的人生經歷就是榜樣。托克維爾出生於一個雙親皆為貴族的家庭，他的父親是法國頗有名望的貴族，母親是馬拉舍伯公爵的孫女。由於強有力的家庭影響力，年方21歲，他就被任命為凡爾賽審計法官。但是，很可能是因為他覺得自己的才能不足以勝任，他決定放棄那個職位，並靠自己的力量，單獨去開創未來的生活道路。「真是個愚不可及的決定！」也許有人會這麼說。但托克維爾勇敢地按照自己的決定行動，毫不退縮。他辭去了那個職位，決定離開法國，到美國遊歷、訪問。此行的成果就是他那本後來出版的偉大著作《論美國的民主》。

同他一起到美國遊歷的朋友古斯塔夫．德．波蒙這樣描述他在此次旅遊中所表現出的那種孜孜不倦的勤奮精神：「他的本性與懶惰格格不入。無論是在旅程中還是休息的時候，他的頭腦一直在活動……同阿列克西斯在一起，他最願意與你聊天的內容就是什麼東西是最有用的。對他來說，最糟糕的日子就是無所事事的日子，也就是時間白白浪費了的日子；哪怕只浪費一丁點時間，都會使他坐臥不安。」

在托克維爾親自寫給朋友的信中，有這樣的段落：「生活中，人不能一時一刻缺少行動。因為個人的外在努力同個人的內在努力一樣，都是必不可少的。如果不是這樣，即使我們年齡上增長了，心態上還是年幼無知的。我把生活在世上的人比作一個在十分寒冷的地區漫無止境，艱難跋涉的旅行者，他走得越高越遠，就走得越快。靈魂的病變是可怕的。為了抵抗這種可怕的罪惡，一個人不僅需要來自內心深處的精神力量的支持，也需要與生活上、事業上的朋友保持密切的聯繫，互助互愛，共渡難關。」

儘管托克維爾對充分發揮個人吃苦耐勞和獨立自主之必要性的論述鏗鏘有力，但是，恐怕沒有任何人能比他更充分地認識到人在一生中都會或多或少地受惠於別人的幫助或支持這一事實的價值了。因此，他時常充滿感激地承認他對他的兩個好友德·克爾格雷和斯托菲爾的深情感謝——前者給他以精神和智力上的幫助，後者從道義上支持和同情他。

對托克維爾寫道：「你是我惟一信賴的可靠心靈，你的影響對我的一生都產生了真正的效果。許多人影響過我行為的方方面面，但沒有任何人像你那樣，能對我的基本理念之誕生和在指導我的行為的原則上產生那麼巨大的影響。」

托克維爾也從不掩飾他對自己的妻子瑪麗的巨大而深情的感激之情。由於她的良好脾氣和性格，使得他能夠成功地進行他的研究。

托克維爾確信，一個具有高貴之心靈氣質的婦女會在不知不覺中提高她的丈夫的心靈品性，而一個低級庸俗的婦女只會敗壞她的丈夫的心靈。他說：「在我的人生歷程中，我曾成百上千次看到，即使一個意志薄弱的人，也能表現出真正公共美德的品行，因為他受到支持他的事業的妻子大力支持。他的妻子不是勸告他幹這幹那，而是對他的行為方式施加強大的影響。按照這種行為方式去履行義務或施展抱負，都會受到尊重。然而，更為常見且應當承認的是，我發現私生活和家庭生活慢慢地把很多本是慷慨大方、公正無私甚至具有偉大能力的人變成了野心勃勃，心靈平庸、卑鄙、自私的動物。這種人在事關國家的問題上，僅僅顧及自己的一己之利，只要個人的生活條件比以前更舒服、更安逸就行了，根本不顧其它一切。」

總而言之，人類的性格是由各種各樣無形的影響塑造而成：受榜樣和格言的影響；受生活和文學的影響；受朋友和鄰居的影響；受我們所生活的世界和我們先輩精神的影響，他們良好的言論、品行的遺產被我們所繼承。但是，同樣明白無誤的是：一個人應當是他自己的生活和行為的積極的主人才行。因此，無論對別人的感激顯得多麼明智和美好，從事物本身的性質來講，人本身應當是自己最好的救星。

3・命運掌握在勤勞工作的人的手上

偉大的成就，通常是一些平凡的人經過自己的不斷努力而取得。對那些勇於開拓的人而言，生活總會給他提供足夠的機會和不斷進步的空間。人類的幸福就在於沿著已有的道路，不斷開拓、進取，永不停息。那些最能持之以恒，渾然忘我地工作之人往往就是最成功的人。

人們總是責怪命運的盲目性，其實，命運本身還不如人那麼具有盲目性。天道酬勤，命運總是掌握在那些勤勤懇懇工作的人手中，就如優秀的航海家總能駕馭大風大浪一樣。對人類歷史的研究表明，在成就一番偉業的過程中，一些最普通的品格，如公共意識、注意力、專心致志、持之以恒等等，往往起很大的作用。即使是蓋世天才，也不能小視這些品質的巨大作用，一般人就更不用說了。事實上，正是那些真正偉大的人物相信常人的智慧與毅力的作用，而不相信什麼天才。

牛頓無疑是世界一流的科學家。有人問他，他到底是通過什麼方法，得到那些偉大的發現？他誠實地回答：「我總是思考著它們。」還有一次，牛頓這樣表述他的研究方法：「我總是把研究的課題置於心頭，反覆思考。慢慢地，起初的點點星光終於一點一點地變成了陽光一片。」正如其他有成就的人一樣，牛頓也是靠勤奮、專心致志和持之以恒取得成功的，他的盛名也是這樣換來。放下手頭的這一課題而從事另一課題的研究，這就是他的娛樂和休息。

牛頓曾對本特利先生說：「如果說我對公眾有什麼貢獻，這要歸功於勤奮和善於思考。」另一位偉大的哲學家開普勒也曾這樣說：「只有對所學的東西善於思考，才能逐步深入。對於我所研究的課題，我總是窮根究柢，想出個所以然來。」

純粹靠勤奮和毅力，能產生令人驚訝的成果，這令許多傑出人物都懷疑真正天才的存在。天才比人們通常認為的要稀少得多。

法國著名作家伏爾泰認為，天才與普通人只有很細小的區別。貝克萊認為，每一個人都可能成為詩人和雄辯家。熱羅德斯則認為，每個人都能成為畫家和雕刻家。洛克、海爾特斯和狄德羅認為，所有人都具有相同的天賦。

某些人在所從事之工作的範圍內，只善於掌握和運用一些理智運行的基本規則，就能超乎一般，成為所謂的天才。即使我們完全相信勤奮和努力能創造奇蹟，也完全承認那些取得傑出成就的人意志堅強、不屈不撓，很顯然，如果沒有驚人的天賦，不論你如何遵循理智和思維運行的規律，也不可能成為莎士比亞、牛頓或貝多芬式的人物。

英國物理學家及化學家道爾頓（一七六六～一八四四）不承認他自己是什麼天才，他認為他所取得的一切成就都是靠勤奮。約翰·亨特曾自我評論道：「我的心靈就像一個蜂巢，看起來一片混亂，到處充滿嗡嗡之聲，實際上一切都整齊有序。每一點食物都是通過勞動，在大自然中精心選擇的。」只要翻一翻那些大人物的傳記，我們就知道，大多數靈敏傑出的發明家、藝術家、思想家和各種著名的工匠，他們的成功在很大程度上應歸功於非同一般的勤奮和持之以恒的毅力。

英國作家兼政治家狄斯雷里（一八〇四～一八八一，於一八六八及一八七四～一八八〇年任首相）認為，要成功，就必須精通所學的科目，要精通它，只有通過持續不斷地專心鑽研，捨此別無良策。因此，從很大程度上講，推動世界前進的人並不是那些嚴格意義上的天才人物，而是那些智力平平但非常勤奮，埋頭苦幹的人；不是那些天賦稟厚、才華橫溢的天才，而是那些在每一個行業都能勤勤懇懇、勞作不息的人。天賦過人者如果沒有毅力和恒心做基礎，只會成為轉瞬即逝的火花；許多意志堅強、持之以恒而智力平平乃至稍稍遲鈍的人都會超過那些只有天賦而缺乏毅力的人。

正如義大利民諺所云：「走得慢但堅持到底，這樣的人才真正走得快。」

培養良好的工作習慣是很關鍵的一環。一旦養成了一種不畏勞苦，敢於拼搏，鍥而不捨，堅持到底的勞動品性，則無論我們幹什麼事，都能在競爭中立於不敗之地。即使從事最簡單的技藝，也少不了這些最基本的「品格」。

羅伯特．皮爾正是由於養成了反覆訓練、不斷實踐這種看似平凡，實則偉大的品格，才終於成為英國參議院中傑出輝煌的人物。

當他還是一個小孩的時候，他父親就讓他站在桌子邊練習即席背誦、即席做詩。首先，父親讓他盡可能背誦一些周日訓誡。當然，起先並無多大進展。但時久日長，滴水穿石，最後他終能逐字逐句地背誦全部訓誡內容。後來，在議會中，他常常以其無與倫比的演講藝術，駁倒他的政敵。這實在令人傾服。但幾乎沒有人能猜測到，他在論辯中表現出來的驚人記憶力，正是他父親以前嚴格訓練的成果。

在一些最簡單的事情上反覆磨煉，確實會產生驚人的效果。拉小提琴看起來十分簡單，但要達到爐火純青，又需要花費多少辛勞的反覆練習啊！有一個年輕人曾問卡笛尼，學拉小提琴要花多長時間。卡笛尼回答：「每天12個小時，連續堅持12年。」俗語說：「勤奮是金。」一個芭蕾舞演員要練就一身絕技，不知道要流下多少汗水、飽嘗多少苦頭。一招一式，都要花費難以想像的勞動。當泰祺妮準備她的夜晚演出之前，往往得接受她父親兩個小時的嚴訓。歇下來時已筋疲力盡。她想躺下，但她不能脫下衣服，只能用海綿擦洗一下，藉以恢復精力。有時，人真是完全失去知覺了。舞臺上那靈巧如燕的舞步，往往令人心曠神怡，但這又來得何其艱難。「台上一分鐘，台下十年功。」這十年功的酸甜苦辣，泰祺妮身為一個芭蕾舞演員，必定有很深刻的體會吧！

當然，只有愉快地工作，才能耐心地等待。一份愉快的工作心情是極為難得的財富。它能促進工作的順應性，使時間在不知不覺中過去。正如一位基督教主教所說：「基督徒的品性精髓就是中庸不倚。」智慧的精髓就在於愉快與勤奮的結合。愉快地工作是成功之道、幸福之源。也許人生的最大快樂就在於有目的而朝氣蓬勃地工作，一個人的信心、活力和其它種種優良的品質都依賴於它。

當賽地．史密斯在約克郡的弗士頓勒克區當一個教區牧師時，儘管他自認為不適合幹這項工作，他還是很愉快地幹了起來，並決心盡力幹得最好。他說：「我已下決心愛上這項工作，使我自己與它一致。這比我不時發發牢騷，認為這項工作純粹無聊透頂，盡講些廢話，要更富於大丈夫氣概。」每當霍克博士去從事一項新的工作時，他總是說：「不管我在哪兒，我都以上帝的名義發誓，我會用我的雙手去盡力工作。如果我不能找到一份工作，我就創造一份工作。」

4．堅韌的人總能成功

那些為大眾謀幸福的人，往往因不能立見成效而懊喪。他們需要更大的耐心，更長的等待。他們播下的種子有時深埋在冬日的積雪之下，春天還未來臨，冬雪還沒融化，他們也許就已長眠於地下。並非每一個從事社會公益事業的人都能像羅蘭·黑爾那樣，在自己的有生之年，看到自己播下的種子開花結果。亞當·斯密曾在古老而黑暗的格拉斯哥大學播下許多社會改良的種子。他在那兒細細耕耘，為民族的精神財富播下一顆顆寶貴的種子。但70年過去了，才收到實質性的成果，而且並沒有大獲豐收。

卡羅是一個修鞋匠的孩子，長大後成為最富活力、最具勇氣、最有希望的傳教士之一。在印度的時候，他和他的助手通過辛勤勞動，在塞爾姆波建起了一所富麗堂皇的神學院，還在各地建立了16個分站。他們把《聖經》翻譯成16種語言。在英屬印度進行一場道德革命的種子就這樣播下了。

有一次，在英國領地總督的桌邊，他聽到對面有一個人對另一個人說，卡羅並不是製鞋匠的兒子。「不，先生！」卡羅立即大聲嚷道：「他正是一個製鞋匠的兒子。」關於卡羅幼小時候的倔強勁，有個眾所周知的軼聞。有一天，卡羅正在爬樹，未料腳一滑，他跌到地上，腿撕裂了。他不得不臥床幾個星期。當他剛剛恢復過來，不用人攙扶，他做的第一件事就是跑去爬那棵樹。卡羅具有作為一個傳教士所必需的大無畏的勇氣。他幹事雷厲風行，決不退縮。

著名哲學家楊格博士有一句名言：「任何人都可以做其他人已經幹過的事！」一旦他決定幹某件事，他決不會退縮。據說，他第一次騎馬時，一個著名的運動員，巴克利先生的孫子陪著他。當這位在他前面的馬術師一躍而過一道柵欄時，楊格也希望躍馬而過。但他從馬上掉了下來。他一言未發，又跨上馬，進行第二次嘗試。他又失敗了。但這次他沒有被扔出很遠，他抓住了馬脖子。第三次，他成功了，馬一躍而過。

身處逆境的韃靼人從蜘蛛身上學習到不達目的，誓不罷休的精神，這一故事已是家喻戶曉。美國鳥類學家奧多本自己敘述的一段經歷，與之相比，絲毫不遜色。

「有一件事，」他說：「與我原存的兩百幅圖畫有關，它幾乎使我放棄鳥類學研究。我詳細地記下這件小事，只是想表明勇氣是多麼重要。我在俄亥俄州的肯塔克一個叫哈得遜的小村子裡住了多年，因事我得去費城。臨行前，我把我的草圖細心保管起來。我極細心地把它們裝在一個紙木箱子裡，再把它交給一個親戚妥為保管，一再叮囑他不要損壞了這些東西。我得外出幾個月。

「回家後，我與親友們一一暢敘離情別緒。之後，我詢問我那個箱子。我很想盡快見到我的珍寶。親戚把木箱子拉出來。打開一看，一對挪威老鼠已佔據了整個箱子，在滿箱子的碎屑中養育了一群鼠仔。僅幾個月時間，牠們好像在此已居住千年之久。一股無名怒火衝上心頭，一連數天，我極為煩躁不安。真是倒楣透頂！這些圖畫花費了我多少心血，卻被老鼠的牙齒啃掉了！睡了幾天悶覺之後，隨著時光的流逝，怒氣漸漸消失，煩惱也煙消雲散了，我又重新鼓起勇氣。我拿起槍，帶上筆記本和筆，就當什麼也沒發生一樣，高高興興地向山林進發。我想，我也許應該為能做得更好而高興。不到三年時間，我又完成了我的作品。」

有一次，艾薩克．牛頓先生的一隻名叫金剛石的小狗把他桌上的一盞油燈弄翻了，他多年辛勤勞動積累起來的計算成果毀於一旦。這件意外給這位哲學家造成了無法彌補的痛苦，他的健康因此受到極大的損傷，理解力也變得差多了。

卡萊爾在寫作《法國革命史》第一卷時也碰到類似這樣的事情。他想把手稿送給精通文學的鄰居仔細審查。由於疏忽，手稿被丟在客廳的地板上，卡萊爾竟忘記了這件事。過了幾周，出版社急著催稿子。他急忙派人去取「稿子」。鄰居發現稿子不見了。經過一番仔細調查，才弄清事情的原委。原來傭人見到客廳地面上有一捆「廢紙」，就把它丟到壁爐裡燒掉了！卡萊爾弄明白了事情的原委，他目瞪口呆，茫然不知所措。但這時已沒有辦法，他只好下定決心，重新開始寫作。原稿弄丟了，草稿也沒有了，所有的事實、材料、思想觀點都只能從塵封已久的記憶中搜尋。起初創作這一著作是一種樂趣，現在不得不重寫，就是一種痛苦與無奈了。但他還是在這種痛苦與無奈之中，以頑強的毅力，完成了這部著作的重寫任務。這種非凡的精神實非常人所能及。

許多著名的發明家的一生就是頑強拼搏、不屈不撓奮鬥的一生。喬治・史蒂芬遜有一次對一些年輕人說，他成功的經驗就是一句話：「不達目的，誓不罷休。」他花費了15年時間改進火車機頭，才取得決定性的成果。瓦特發明蒸汽機，花了30年時間。在科學、藝術及其它行業都有許多這樣持之以恒的感人故事。其中最有趣的也許要算是尼尼微大理石花紋的發掘。這種遺留在碑石上的箭形書寫符號乃是自馬其頓征服波斯以後早已失傳的楔形文字。

在波斯的史曼沙有一家東印度公司，公司內一位聰明的實習生在附近發現了許多奇怪的楔形銘文、碑刻。這些銘文、碑刻歷時十分悠遠，沒有任何人知其來歷。

畢斯頓岩壁平地拔起一千七百呎，十分陡峭，其下部三百呎的範圍內以波斯語、錫西厄語和亞述語三種語言銘刻了大量碑文。這塊岩石上的天書無人能讀，令世人驚詫莫名。自然，畢斯頓岩壁因此名聞遐邇。

這位實習生把岩壁上的「天書」一一描摹下來。他一邊描摹，一邊仔細揣摩其中的含意。經過把已知與未知，已經消失與仍然存在的符號反覆比較、揣摩，他有了一些關於這些楔形符號的知識，並且製成了一個字母表。羅里遜先生把他描摹的這些圖形寄回家以供考證。但沒有一所大學的一位教授能瞭解它們。真是蒼蒼天語，無人能讀。

一位名叫羅熱斯的人以前是東印度公司的職員，他對這些「天書」略有研究。於是羅里遜先生把這些描摹送給他。羅熱斯果然名不虛傳。儘管他從未見過畢斯頓岩壁，但他斷言那位實習生所描摹的圖畫並不準確。羅里遜當時仍在畢斯頓岩壁附近，聞言大為驚訝。仔細一比較，證明羅熱斯的判斷正確。經過進一步潛心研究與反覆比較，關於這些楔形書寫文字的研究終於取得很大的進展。

為了有利於這兩位自修者的學習，英國政府準備給他們配備一個助手，並提供一些必需的設備。一位名叫奧斯汀・賴雅德的人毛遂自薦。這個人原來在倫敦的一家律師事務所工作。沒有人想到這三個人——一個實習生、一位印度公司職員和一個律師——竟成為把埋藏在地下的古巴比倫歷史發掘出來的人。

賴雅德當時22歲。他想向東穿過幼發拉底河的大片地區。於是他徒步旅行，只有一個夥伴陪著他。只有他自己的雙拳是他自衛的武器。真是上帝相助，由於他處處以禮待人，逢人便笑，加上他身材魁梧，讓他順利地通過一個又一個部落。這些部落之間經常發生極為殘酷的戰爭。光陰似箭，日月如梭，一晃幾年過去了。他手裡並沒有多少技術，但憑著他頑強的意志和對發掘文物的崇高熱情，他挖掘了大批歷史文物。這些文物從未被任何同行發掘過。許多淺浮雕品由於他的辛勤挖掘，得以重見天日。這些雕品無疑是稀世珍品。

據考證，這些陳列在大英博物館的珍貴文物，竟然很確切地根據基督教《聖經》，記載了三千多年前發生的許多重大事件。這就像新啟示錄突然光臨人世一樣，令人驚詫興奮不已。關於這些傑出作品的發現，賴雅德曾感慨萬千地說：「這些尼尼微碑刻將永遠銘刻上人們執著的事業心、勤勞和活力所產生的巨大而令人驚訝的功勳。」

孔德．德．布芬的一生又一次證明了勤奮就是天才這一道理。布芬在自然史方面取得了極為卓越的成就。年輕時，他並沒有什麼過人的天賦，智力平平，反應遲鈍。並且他天性懶惰，一生下來就有大筆財產。人們或許以為他會縱情於榮華富貴之中，一無所為。但他不想成為一個酒囊飯袋，不想一生碌碌無為，他要致力於科學研究。

時間是有限的財富。他為自己早上睡懶覺浪費時間而苦惱，決心改掉這個壞習慣。習慣是一種力量，要改掉它談何容易。他鬥爭了一段時期，但毫無成效，早上仍然起不來。他只得叫他的傭人約瑟夫幫忙。只要約瑟夫能在早上六點鐘以前把他弄起來，就賞一克朗。但當約瑟夫早上去叫他時，他或者以生病作藉口，或者因這傭人吵醒他的睡眠而假裝生氣。當他最後起來之後，又大聲呵斥約瑟夫讓他睡懶覺，沒有把他準時叫起來。這一來，這個貼身男僕鐵下心來要賺那一克朗了。他再也不顧布芬可憐巴巴的懇求，也不在乎他的威脅，一次又一次地強迫這位主人在六點之前起床。

有一次，布芬無論如何都不肯起來，任憑約瑟夫怎麼弄，他都賴在床上。約瑟夫想，不動點真格的，恐怕不會成功。他把一盆冰水放入被窩。這一招馬上見效。通過約瑟夫的種種努力，布芬終於克服了睡懶覺的習慣。布芬對約瑟夫的幫助一直心存感激。他常說，他還欠約瑟夫34卷自然史呢。

40年間，布芬一直在他的桌旁從上午九點一直工作到下午二點，然後又從下午五點工作到晚上九點。他天天如此，從不間斷。久而久之，這成了他的習慣。他是一位很有良心的作家，總是以最佳方式把最珍貴的思想奉獻給讀者；他討厭虛偽、做作，無病呻吟。對於著作中的每一個字，他都仔細推敲，對每一段文字都認真潤色，直到內容與形式完美後他才滿意。他寫《自然史的變遷》，先後不少於11次。他對每一部著作都深思熟慮，從不馬虎。從事著述50年，他的作風一直如此。

他對任何細節從不馬虎。事無大小，都是如此。他常說：天才就是有條有理，一絲不苟。身為一個偉大的作家，他的成功就在於像蜜蜂一樣，不停地勞作，永無止息。正如邁登·勒克觀察之後所言：「布芬的成功最明白地表達出天才就在於把全部精力專注於某一特定的目標。當布芬完成他的第一部著作時，他已疲憊不堪。但他強迫自己回到原作上，一個字一個字地推敲、潤色，一直到他感到滿意為止，一直到他感到在這種反覆推敲中渾身快慰而不是厭煩和疲乏為止。他的成功就是這樣換來的。」

5．從工作中尋找快樂

約瑟夫．休默所從事的是完全不同的職業。他天資平平，但堅毅果斷，意志非凡，且非常誠實。他的人生格言是「堅忍以行」。他終生踐履此言。

休默的父親早逝，他母親在蒙特羅斯開了一家小店鋪，含辛茹苦地把幾個兒女拉扯大。後來，他母親把他送到一位外科醫生那兒學習，以便將來從醫。畢業之後，他以輪船醫生的身分，隨船去過幾次印度。後來他在東印度公司獲得軍校學員醫生的身分。

沒有人像休默那樣不要命地工作，也沒有人像他那樣嚴謹地生活。他恪盡職守，深得上司信任，不斷被提拔。一八〇三年，馬哈特戰爭爆發，他隨鮑威爾將軍出征。在戰爭中，翻譯人員犧牲了。休默學習和研究當地語言，他接替了翻譯的工作，發揮了不可估量的作用。隨後他被任命為醫療隊隊長。他的工作能力十分驚人，這些工作對他來說，遠遠不夠，他另外還當出納員、投遞員。工作越多，他越

高興，幹得越歡。他還簽約負責提供軍需品。這既有利於部隊，也有利於他自己。回到英國之後，他已有不少積蓄。他所做的第一件事就是給家裡的窮人提供幫助。這是他的夙願。

休默不是那種貪圖安逸，追求個人享樂的人。對他而言，工作和勞動就是快樂和幸福。為了瞭解他的國家和人民的實際狀況，他走遍了英國的每個城鎮。當時英國已享有製造業的盛譽。為了獲得其它國家的有關情況，他多次出外遊歷，藉以擴大視野。

一八一二年，他回到英國，進入國會，成了國會議員。其間除短暫中斷外，他連任了34年議員。有史記載的他的第一篇演講是關於公共教育問題。

在休默漫長而令人尊敬的生涯中，他一直誠摯地關注公眾教育問題以及其它種種社會問題，如刑法改革、銀行儲蓄、自由貿易、經濟發展與艱苦奮鬥、擴大民眾代表權等等。對於每一個有益於公眾的問題，他都全身心地投入，不屈不撓地為之奔波、呼籲。他是一個名副其實為公眾事業著想、為公眾事業操勞的人。無論幹什麼事，他都竭盡所能，不遺餘力。他不善言談，不是那種大話連篇、不幹實事的人，他講的每一句話都樸實無華，但他言必行，行必果。他的坦率、單純、熱誠，以及一絲不苟的性格，均體現在他的一言一行之中。

如果說事實是檢驗一個人最好的試金石，那麼，用它衡量約瑟夫．休默，真是再好不過了。沙佛茲伯里曾說：「嘲笑是檢驗真理的試金石。」這句話，休默也許有最深刻的體會。沒有人像他那樣受到來自各方的嘲笑，但他又確確實實終生在這個職位上。他常常面對多種政治力量的打擊，選民也直接攻擊他。人們並未感受到他的影響和作用，但許多改善經濟的重要舉措都是在他的努力下實現的。

為了克服重重障礙，每推行一項強國富民的舉措，他都殫精竭慮，奮力以求。這其中所付出的辛勞真是無法估量。他六點起床，處理各方來信並把自己的報告準備好，提交議會；早餐後，他接待來訪人員，有時一個早上要接待20人之多。議會會議，他很少缺席。有時爭論激烈，會議一直拖到下午二、三點鐘，他也從不提早退席。

幾十年間，年復一年，月復一月，他無數次以壓倒性票數當選，卻不斷地遭到打擊、排擠，乃至冷言惡語的譏諷。許多時候，他孤立無援，陷入困境。面對挫折、失意，他堅韌無比，從不氣餒。他謙和中含帶剛毅，遇事沈著穩重。面對政治上的紛爭，面對各種集團利益的衝突，面對個人進退維谷之境，他斷之以公，行之以法，以民為重，絕不苟且。幾十年間，他早已知寒識雨，但每當一項重大措施衝破重重障礙，得到公眾的歡呼時，他常常淚流滿面！

第二章

為什麼他們會成為精英？

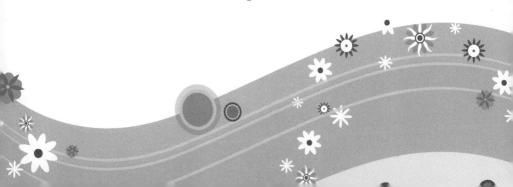

I・細微之處見精神

我們不排除人生中存在機遇和運氣，但那只屬於偶然的個別情況。真正要達到自己追求的目的，只有靠勤奮和毅力，捨此別無它途。

據說，每當風景畫大師威爾遜嫺熟地畫好一幅作品之後，他並不認為大功告成。相反，他總是很認真地凝視著自己的作品，觀察每一個細節，審視起筆落筆的輕重、快慢、緩急，思考整個布局是否合理，色彩是否和諧。他有時會突然拿起筆來，這兒細細勾畫一下，那兒重重添上一筆。就這樣，他一邊細細體會，一邊慢慢完善。

他這種風格與某些畫家大筆一揮，三下五除二勾勒成一幅畫，然後把畫筆一收的做法迥然有別。他認為這最後幾筆往往是畫龍點睛之筆，起落之間自有妙不可言的作用。這種功夫並不是誰都可以做到的，而是長期觀察和磨練、細細體察而慢慢形成。一個藝術家在起筆之前如果不曾認真訓練、構思，卻想下筆如有神，那只能是空想。

真正的藝術大家都非常重視日常的基本功，成功之前，他們無不經歷過嚴格的基本功訓練。他們總是於細微之處用心、於細微之處著力，這樣日積月累，才慢慢地達到出神入化的境界。

有一天，米查爾・安格魯向一位參觀者解釋為什麼自己很長時間忙於一件雕塑的創作：「我在這個地方潤了潤色，使那兒變得更光彩些，面部表情更柔和些，使那塊肌肉更顯得強健有力；然後，使嘴唇更富於表情，全身更顯得有力度。」那位參觀者聽了，不禁說道：「但這些都是些瑣碎之處，不大引人注目啊！」雕塑家回答：「情形也許如此。但你要知道，正是這些細小之處使整個作品趨於完美。讓一件作品完美的細小之處可不是件小事情啊！」

畫家尼切萊斯・鮑森畫畫時有一條準則，即凡是值得做的都應該做好，力求完美。他的一位朋友威格尼爾・德・馬韋爾在他晚年時曾問他，為什麼他在義大利畫壇獲得如此高的聲譽。鮑森回答：「因為我從未忽視過任何細節。」

有許多發現和發明看起來純屬偶然，其實，仔細探究就會發現，這些發現和發明絕不是偶然得來。事實上，在大多數情形下，這些在常人看來純屬偶然的事件，不過是從事該項研究的人長期冥思苦想的結果。也就是說，純粹的偶然性雖以偶然事件的形式表現出來，但它其實是在不斷實驗和思考之後所必然出現的一種形式。

人們常常引用蘋果落在牛頓腳前，導致他發現萬有引力定律這一例子說明所謂純粹偶然事件在發現中的巨大作用。但他們忽視了，有許多年，牛頓一直為重力問題苦苦思索。可以說，關於重力問題的一些極為複雜深刻的問題，他都反覆思考推敲過。蘋果落地這一常見的日常現象之所以為常人所不在意，而能激起牛頓對重力問題的理解，能激起他靈感的火花並進一步做出異常深刻的解釋，很顯然，這是因為他對重力問題已有了深刻的理解的結果。因此，成千上萬個蘋果從樹上掉下來，卻沒有人能像牛頓那樣，導引出深刻的定律。

同樣，從普通煙斗裡冒出的五光十色，像肥皂泡一樣的小泡泡，這在常人眼裡就跟空氣一樣普通，當然也很少有人去研究這一現象，但正是這一現象使楊格博士創立了著名的「光干擾原理」，並由此發現了「光衍射現象」。

人們總認為，偉大的發明家總是論及一些十分偉大的事件或奧祕。其實，像牛頓和楊格以及其他許多科學家，都是研究一些極普通的現象。他們的過人之處在於能從這些人所共見的普遍現象中，揭示其內在本質的聯繫。

人與人之間的區別，很大程度上就表現於他們觀察事物時的理解力不同。俄國有一則格言，描述那些不善於觀察的人：「一個不善於思考、不善於觀察的人在經過森林時，並不能發現木柴。」

所羅門說：「智者的眼睛長在頭上，愚者的眼睛長在脊背上。」

心靈所見，比眼睛看到的東西更多。那些沒頭沒腦的凝視者只能看到事物的表象。只有那些富於理解力的人才能穿透事物的現象，深入事物的內在結構和本質之中，觀察到差別，進行比較，抓住潛藏於表象後面，更深刻、更本質的東西。

在伽利略之前，很多人都看到懸掛著的物體有節奏地來回擺動，但只有他從中得出了有價值的發現。比薩教堂的一位堂守在給一盞懸掛著的油燈添滿油之後，就離去了，聽任油燈來回蕩個不停。伽利略，當時是一個18歲的年輕人，他發現油燈有規律地蕩來蕩去，由此想出一個計時的主意。此後，經過50年的潛心鑽研，他終於成功地發明了鐘擺。這項發明對於精確地計算時間和從事天文學研究，具有十分重大的作用。即使在今天，無論我們怎樣估計它的作用，都不算過分。

有一次，伽利略偶然聽到一位荷蘭眼鏡商發明了一種儀器，借助於這種儀器，能清楚地看清遠方的物體。這促使他認真研究這一現象背後的原理，導致他成功地發明了望遠鏡，從而奠定了現代天文學的基礎。

——以上這些發明，絕不是由那些漫不經心或無所用心的人所創造出來的。

開普頓．布朗先生一直在潛心研究橋梁的結構問題。當時，他家附近的特威德河上要建一座大橋。開普頓不斷構思著如何設計一座造價低廉的大橋，畫出比較理想的圖。初夏一個早上，晨露未乾，他正在自家的花園裡散步。突然，他看到一張蜘蛛網橫在路上。他突然靈感大發，一個主意湧上心頭。鐵索和鐵繩不正可以像蜘蛛網一樣連成一座大橋嗎？結果，他發明了舉世聞名的懸索大橋。

詹姆斯．沃特一直思考著如何在克來迪這個地方鋪設地下輸水管道。這地方河流縱橫，河床情形千差萬別。他冥思苦想，猶未能構思出理想的方案。有一天，他偶然看到桌上一隻龍蝦的殼，由此受到了啟發。他設計了一種類似龍蝦形狀的鐵管，鋪好之後，果然解決了以前沒能解決的難題。

伊茲貝德．布約爾設計著名的托馬斯隧道，其靈感則來自觀察微小的船蛆。他發現這種小小的動物用自己全副武裝的頭部首先朝一個方向鑽孔，然後再朝另一個方向鑽一個孔，鑽出一個拱道。這是第一道工序。第二步是在洞的頂上和兩邊塗上一層滑滑的東西。布約爾很受啟發。他把船蛆的操作過程及其方法細細加以研究，終於得以建好他的掩護支架，並完成他那項偉大的工程。

注重觀察細微之處並發現其內在價值，這是許多大商人、藝術家、科學家以及其他偉大人物的成功之道。於細微之處見精神——這正是他們的過人之處。

當富蘭克林發現閃電現象與電的一致性時，有人譏諷他：「這有什麼用？」對此，富蘭克林回答：「小孩子有什麼用？但他會成為一個有所作為的大人。」

義大利物理學家伽凡尼觀察到，青蛙的腿接觸不同的金屬製品時都會驟然抽動一下。沒有人想到正是這一微不足道的發現導致一項重大發明的出現。伽凡尼由此受到啟發，從而產生了發明電報的設想。電報的發明使整個大陸聯繫起來，由此引起電訊方面的一系列重大變革。

今天通訊技術已絕非過去所能比擬。但誰曾想到，造成一個時代發生如此偉大變革的發明，竟然是肇始於一個如此簡單的「觀察」。

從地下挖出來的小小石塊和化石，平凡而不起眼，卻由此產生了一門新科學——地質學。人們憑藉地質學的知識，通過識別一塊小小的礦石，投資開礦。有多少錢財就此源源不斷地從礦山中流了出來。

馬爾格茲．沃賽斯特在套爾當囚犯時，有一次，他觀察到水壺裡的熱氣掀起水壺蓋子這一現象。從此，他的注意力就集中到蒸汽動力這個課題上。他把他觀察的結果發表在《世紀發明》雜誌。有相當一段時期，他的論文被當作探討蒸汽動力的教材使用。後來，賽威熱、紐卡門等人把蒸汽原理運用到實際生活中，製造出最初的蒸汽機。有一次，瓦特被叫去修理這台已屬於格拉斯哥大學的「紐卡門機器」。這一偶然的事件給他帶來了一次機遇，他花了一輩子時間使蒸汽機完善起來。

2．鍥而不捨，則百事可為

善於抓住一些偶然事件造成的機遇，從中探索出內在的原理，引申出科學的知識，這是許多科學家、發明家的成功之道。

約翰遜博士認為：「天才就來自常人把自己的注意力偶然地專注於某一特殊的方向。」當然，他所說的常人是那些全身心追求自身之目標的人。一個人只要致力於追求自己的目標，他總會找到屬於他的「偶然性」或機遇。當然，「偶然性」和機遇也只會光顧這樣的人。

許多大科學家和藝術家並不是享受大學、圖書館、公共藝術館的人。同樣，最偉大的機械工和發明家也不是機械學校培育出來。許多最偉大的工匠所借助的往往是最簡陋的工具。當然，不是這些最簡陋的工具使他們成為能工巧匠，而取決於他們的艱苦磨煉。俗話說：壞的工匠使不了好工具。但差工具在巧匠手中，同樣能製出好東西。

有人問歐柏，他用什麼奇妙的方法製出那麼漂亮的顏色？歐柏回答：「我用我的頭腦幹出來，先生。」

這句話同樣適用於一切傑出的工匠。費格遜發明了許多奇妙的東西，比如一台木製的鐘，可以用來精確計時。這件發明，他只借助於一把人人都有的鉛筆刀。鉛筆刀人人都可以得到，但不是每個人都能成為費格遜。布萊克博士僅僅借助於一盆水和兩支溫度計，就得出了「潛熱定律」。牛頓僅僅憑藉一個稜鏡、一個透鏡和一張紙板，就發現了光的組成和起源。

一位外國的著名學者曾拜訪沃那斯頓博士。這位外國學者驚異於沃那斯頓博士在科學領域的諸多發現，要求參觀一下他的實驗室。博士應允了這個來訪者的要求。他們來到一個小房間，博士指著桌上的一隻舊茶盤，只見茶盤裡裝著幾塊光學玻璃片、一些測試紙房間裡還有一架天平、一個噴焊器。就這些。「這就是我所擁有的實驗室。」博士爽快地說。

與其說是偶然的運氣，還不如說是堅忍不拔的意志和勤奮帶給人們成功和收穫。對於那些意志薄弱、懶懶散散，不求上進的人來說，最好的運氣也不會產生什麼效果。春風吹綠了大地，朽木卻不再生新枝。哪怕是一件伸手可及的東西，手不伸，還是不可及。相反地，要是人人都善於抓住和利用這些偶然的機遇，該有多少發明可以問世，這個世界該發生多大的變化啊！

瓦特在從事精密儀器製作的同時，一邊自學化學和機械，還向瑞士的一位染印工學習德語。身為一名機械工，史蒂芬遜上夜班時，還一邊學習算術和測量。就是在吃飯的間隙，他也抓住分分秒秒，拿起一支粉筆，在煤礦運貨車的門上進行算術題的運算。對英國物理學家及化學家道爾頓而言，勤奮是他的習慣。年方12歲，他就在一所村小學任教。冬天他在學校教書，夏天則幫他的父親在農場幹活。儘管他被培養成一個衛理公會教徒，他有時仍通過押賭的方式鼓勵自己和夥伴們學習。有一次，由於他令人滿意地解決了一個問題，贏了一筆錢，把整個冬天用的蠟燭都買回來了。臨終前一兩天，他仍繼續他的氣象學觀察。在他的一生中，他記錄了二十多萬條氣象信息。

只要把一些零零碎碎的時間充分利用，就能產生豐碩的結果。銘刻在霍・索爾斯日晷上的一句所羅門格言——時不我待——時時在警醒世人，尤其是年輕人。「時不我待」，這是一句多麼樸實無華卻又震人心弦的格言！

傑克遜曾說：「珍愛時間這最珍貴的財富吧！只有珍惜現在的人才能彌補過去的浪費。誰能說：『明天我將拿出一些時間來彌補今天的損失呢？』」米朗克遜總是把自己浪費的時間記下來，從而督促自己珍分惜秒，勤耕苦讀。

時間是極寶貴的財富。許多偉大的發明家、科學家都十分惜時，他們在自己有限的一生中，充分利用上天賜予他們的時間進行思考、探索、研究，然後把這些最豐美的成功之果留給後人。

為了追求自己的事業，許多人忍受了常人難以想像的單調和乏味。對於從事崇高追求的人而言，他們非但不覺得這是苦，反而認為這是一種快樂。不能忍受孤單、寂寞，不能坐冷板凳的人不可能做出真正的成績。愛德遜在動筆創作《旁觀者》一書之前，曾花費大量時間，收集了數千頁原始材料。牛頓寫《編年史》一書，先後共計15次，才感到滿意。英國歷史學家吉朋九易其稿，才完成《自傳》一書的寫作。有許多年，赫爾每天花16個小時學習法律。當他累得不行時，他就看看哲學、學習數學。休默在寫作《英國史》時，每天伏案工作13個小時。孟德斯鳩曾對朋友談及他寫作情況：「你可能在幾個小時內就看完了，我卻為此白了頭。」

許多勤奮而富於思考的人總是隨時把自己腦中所閃現的思想火花記載下來。這既能備忘，又有利於以後系統地加以思考。培根勳爵在他身後留下了大量手稿，手稿封面上寫道：「記下許多突然閃現的思想，以備將來研究之用。」歐斯金從柏克的著作中做了大量摘錄。艾爾登親手把英國的著名法學家李特爾頓的著作《考克》抄了兩遍，從而把書中內容全部變成自己的思想。

3・堅持真理，需要勇氣

和我們前面談及的許多人物一樣，英國醫生、解剖學家哈維也是一個勤奮鑽研，敢於堅持真理的人。在發表他的「血液循環理論」之前，他花了八年多時間進行調查、研究。他一次又一次地證實了自己的科學論斷。但他深知，他的科學結論一定會遭到來自各方面的反對和攻擊。在堅持真理和面對攻擊面前，他義無反顧地選擇了前者。他在一本簡單、明晰且帶有總括性的小冊子裡宣布了他的觀點。果然，他遭到世人的種種嘲笑。有人說他是一個發瘋的騙子。對此，他沈默以對。

面對芸芸眾生，面對冷嘲熱諷，哈維只有沈默。但世人並沒有因他的沈默而去思考他的科學結論，更沒有停止自己的嗡嗡叫聲，侮辱和謾罵仍排山倒海地向他壓過來。人們認定他懷疑傳統的權威；斷言他的觀點在於蓄意推翻《聖經》的訓誡，暗中破壞當代道德和宗教的基礎。他僅有的幾個主顧也離他而去了。他的朋友也紛紛離開他。面對這一切，他非常無奈，但他依然毫不動搖地堅持自己的科學真理。

在人類歷史上，許多科學真理的問世，首先得到的往往不是歡呼，而是譏諷、嘲笑。幾年時間過去了，哈維在逆境中死死堅持的真理慢慢地深入人心。然而，果子的成熟期太漫長了，25年後，哈維的科學理論才真正被世人視為「科學真理」。

英國醫生金納在創立和宣傳他的發現——種痘是預防天花的有效手段——所遇到的困難比哈維有過之而無不及。在金納之前，已有許多人親眼看過牛痘，許多人都聽過格洛斯特郡擠奶女工流行牛痘病的報導。大家都認為這種病十分可怕，無醫可求，無藥可治。流行動天花更是令人談之色變，避之惟恐不及。

一次偶然事件引起金納的注意。當時，他還是一個年輕人，在斯德貝熱學習。有一次，一位鄉下姑娘到師傅的店鋪裡求治，談話間講到天花。那位姑娘說：「我不會再得那種病了，因為我已犯過天花。」這句話立即引起金納的興趣，他迅速著手觀察和調查有關天花這一問題。他把有關預防牛痘的措施講給他的一些同行聽。他們紛紛嘲笑他，甚至以把他從協會中驅逐出去相威脅——如果他仍固執地從事這項追求的話。

金納有幸在倫敦與約翰．韓特爾進行了交流。這位解剖學家當即答道：「不要只是想，而要去幹！要有耐心，一絲不苟。」韓特爾的這番鼓勵大大促進了金納的信心，他開始照這位先生所講的去幹。他隻身回到鄉下，一邊行醫，一邊細緻地觀察和試驗。

一晃20年過去了，進展甚微。但金納的信心和決心絲毫未見動搖。他對自己的追求矢志不移。他曾先後三次給自己的兒子種牛痘。在當時，此舉冒著巨大的危險。功夫不負有心人。他在近70頁的四開本著作中詳細記載了23例他成功接種牛痘的例子，這些種過疫苗的人沒有因傳染病毒而犯上天花。一七九八年，這些論著終於得以問世。

從一七七五年之後，20多年間，金納一直在致力於追求科學。直至此時，他才取得一些成果，並以適當的形式發表出來。

但人們是如何回應這項發明呢？首先是漠然置之；然後是猛烈攻擊。金納啟程來到倫敦，向他的同行展示接種過程及其結果。但沒有一個醫學界人士前來參觀。三個月過去了，無人登門。金納只得鳴鑼收兵，打道回鄉下。無論在城市還是在鄉下，人們都紛紛指責他把從奶牛乳頭上弄來的有毒物質注入人體，使他的病人變成禽獸。教士們把接種視為「魔鬼行為」。有人說，種了疫苗的小孩變成了「牛頭馬面」，頭部脹大，長出了牛角，面部也漸漸變成奶牛的面目，聲音變成了公牛的吼叫聲。

是金子總會發光。儘管種痘遭到了前所未有的譏諷和反對，相信它的人還是漸漸多了起來。有個村子裡的一位紳士想引進這種實驗，沒想到那些自願接種的人都遭到人們的陣陣痛打，並被趕進屋子裡不准出來。但兩位有名望的太太——杜斯太太和考特斯．貝克利太太——勇敢地讓她們的兒子前來接種疫苗。世人的偏見一下子煙消雲散了。她們的勇敢和膽識應當永遠被世人銘記。醫學界同仁也紛紛前來拜訪。好幾位醫生認識到這項發明的重要性後，一心想竊取金納的成果，奪走他的功績，但沒有成功。金納的事業終於成功了。他沒有在乎那些譏諷、嘲笑和辱罵。他知道，科學與愚昧、先進與落後、進步與倒退永遠伴隨在一起。想奪走他的成果和榮譽的同行沒有得逞，公眾賜予的榮譽和獎勵最終還是落在他的頭上。

在春風得意之際，金納仍像以前默默無聞時一樣，謙虛、坦蕩，不以物喜，不以己悲。他受邀去倫敦定居，並且每年可得一萬英鎊的薪俸。對此，他回答：「這些根本沒必要。在我的前半生，我就追求一種平凡和歸隱的生活。我喜歡生活在山谷之中，而不願挺立於山頂之上。而今我已年邁，日薄西山，氣息奄奄，財富和名譽早已如過眼煙雲，不足掛齒了！」

在金納有生之年，疫苗接種已遍及文明世界。然後他走了，到另一個世界中去了。但這個世界有良心的人仍在深深懷念他。是他無私地把自己的發明留給了人類。他本人早已不在此世，但他的發明仍在。法國博物學家邱維埃的一番話正代表了世上有良心者的心聲：「如果說牛痘疫苗是這個時代的惟一發明，這個時代會因這個發明而永放光彩。但這一發明在研究院的大門上連續碰壁20次！」

查理斯．貝爾先生在有關神經系統之發現的過程中所表現出來的耐力、堅強的意志和不屈不撓的追求精神與許多發明家相比，一點也不遜色。在貝爾做出他的發明之前，有關神經系統的看法和思想真是一片混亂。當時，有關這一學科的狀況，與三千年之前德莫克利斯和安格拉斯統治時代的情形相比，並沒有多大的進步。

貝爾從一八二一年開始發表有關神經系統的論文。他透過仔細、準確、反覆的試驗，得出了創造性的結論。他把自己所得的科學結論連續發表在論文中，這些論文具有全新的科學觀點、極其豐富的實驗材料。因此，它具有很高的價值。

從最低級生物的神經系統到萬物之靈人類的神經系統，查理斯都做了全面、清晰、明白的考察和研究，並且對研究結果做了極為通俗易懂的表述。脊髓神經分為兩支，各自具有不同的功能。其中一支主要產生意志力，另一支則產生種種感覺。這兩支脊髓神經又相互聯繫成一個有機的整體。這一課題縈繞在貝爾心中長達40年。這段期間，他對脊髓神經的活動過程及其原理做了反覆的試驗。他對自己的結論確信無疑。

一八四〇年，他把自己的最新論著提交給皇家科協。和哈維與金納的遭遇一樣，他的科學觀點換來了無窮的嘲笑和惡意的攻擊。但他明白，越黑暗的時候，往往就是光明即將到來的時候。他知道，新的嬰兒免不了一場生與死的考驗。

貝爾的科學觀點逐漸為人們所接受，許多國家都要求購買他的發明專利。他的偉大功績終於得到世人的承認。法國博物學家邱維埃在臨終之際，發現他的臉扭曲變形，擠向一邊去了。他對他的追隨者說，這證明查理斯．貝爾的觀點完全正確。

馬歇爾．黑爾也是一位在追求科學事業中堅定不移的人。後人將永遠把他的英名與哈維、韓特爾、金納和貝爾的大名放在一起。

在黑爾有生之年，他總是極其勤勉地仔細觀察、研究。不管多麼細小的事物，他絕不輕易放過。

黑爾關於神經系統之間的波蠕動這一重大發現將使他名垂青史。這一重要的科學發現就起源於一次偶然的事件。當時他正在研究梭尾螺的肺部循環問題。他把已被殺死的梭尾螺放在桌上，正忙於把牠的尾巴分離時，一不小心，把牠背部的殼劃破了。他發現，梭尾螺仍在有力地蠕動，變成各種各樣的形狀。這引起了他的極大興趣。在此之前，他對有關肌肉收縮和肌肉神經的課題從未研究過。這種運動的原因、機理和性質是什麼？他大感疑惑。這一現象在此之前曾有人注意到，並做了一點點研究。但黑爾是第一個潛下心來，專注於此項研究的人。有一次，他興奮地說：「我一直窮根究柢，直到把這個問題弄得清清楚楚、明明白白。」

事實上，黑爾對這個科學難題的興趣一直未減。隨著研究的深入，他的興趣越來越濃，勇氣愈來愈大。據初步統計，在他的一生中，他花了不下二．五萬多小時，用於這項實驗及其相關的化學實驗。與此同時，他還廣泛地從事其它研究，並在賽特泰馬斯醫院和其它醫科學校上課。

經過幾十年的實踐、認識，再實踐、再認識，黑爾終於對神經系統之間的蠕動做出了科學性的結論。令人難以置信的是，他的科學論文同樣遭到皇家科協的拒斥。17年之後，人們才開始承認他這一重大的科學發現。

4．偉大的成就來自熱情工作

休．米勒是一個擁有非凡之觀察力的人，他在文學和科學領域都取得了非常特出的成就。在一本名叫《我的學校和校長》的著作中，他談到了自己。這本書十分有趣，是一部世所公認的傑作。

這本書詳盡地講述了一個處在社會最底層的人如何養成自助、自尊、自立這些高貴品格的成長過程。

米勒的父親是一位海員。當他還是一個小孩時，他的父親在一次海難中淹死了，母親獨力把他拉扯成人。他只受過一點點學校教育。和他一起玩耍的小朋友、與他一起勞作的人、和他生活在一起的親戚朋友都是他最好的老師。

他的興趣十分廣泛，讀的書很龐雜。他善於向工人、木匠、漁夫、海員等各種各樣的人吸取各種知識。當然，他從洛姆特福斯河岩所分布的古老圓石上得到的知識最多。

米勒的祖父原是一個海盜，他留下了一把大錘子。米勒年幼時常拿著這把大錘子到河邊敲打那些巨大的圓石，從而收集了許多雲母、斑岩、石榴石等樣品。有時他在樹林裡痛痛快快地玩一天，各種稀奇古怪的地質構造為他增添了無窮的快樂。

長大後，他選擇了自己早就喜歡的石匠行業。他在洛姆特福斯附近的一座採石場幹活。沒料到，這採石場成了他最好的學校。採石場中顯示出來的各種地質現象又一次激起了他的興趣。在這個常人根本看不出什麼特殊之處的採石場，他發現許多岩層具有相似性，有些岩層具有相異性。各種岩層到底為什麼這樣分布？它們之間又有什麼聯繫？這些問題不斷地縈繞在他的腦海裡。被海浪沖刷上來，或是被他的錘子敲打出來的各種有機物的遺骸，尤其是早已絕跡的古代魚類、厥類植物和菊石等等，這些東西激起了他無窮無盡的興趣。他從來沒有離開過這些遠古的東西。

米勒不斷地觀察，收集材料，反覆加以比較、鑑別。多年以後，他的作品在古老的紅色砂岩展覽會上向世人展出，他精心收集的各種地質岩石樣品激起了世人的極大興趣。人們馬上公認他是一位大有成就的地質學家。

但米勒知道，這些成就只是自己長期以來耐心觀察和研究的結果，今日之成功來之不易。他在自傳中謙虛地寫道：「我之所以能取得今天這一點點成就，就取決於自己的耐心。誰只要有耐心，都肯定會勝過我。一個人只要專心致志，持之以恒，我想他一定會成就一番事業。」

不久前，羅德熱克．麥切遜在蘇格蘭北部的休宿這個地方發現了一個學識極其淵博的地質學家。這個人是那兒的一個麵包師，名叫羅伯特．迪克。當麥切遜先生到他的烘烤房中拜訪他時，這位麵包師把麵粉撒在一塊木板上，向麥切遜描述他們祖國的地形概貌、地質特點和地理構造，並指出現存地圖中的諸多缺陷及種種不完善之處。

這位麵包師用自己的業餘時間，精心考察了英國的山河走勢。他在談到與此相關的許多問題時，屢發創見。在進一步的交談中，麥切遜發現，他面前這位地位卑賤的麵包師不僅是一位一流的麵包師和地質學家，而且是一位一流的植物學家。

麥切遜這位英國地質協會會長說：「使我備感羞愧的是，這位麵包師具有驚人的植物學知識。我想，他比我所能想得出的植物學家至少高明十倍。在英國，他沒有收集到的花卉標本最多不超過二、三十種。他收集的標本有的是他收到的禮物，有的是他花錢買來，但其中絕大部分是他通過自己的辛勤勞動採集而來。所有這些標本都貼上了標籤，按合理的順序排列著。」

羅德熱克．麥切遜本人對植物學及其相關科學有精深的研究，他絕不是一位外行人。有一位作家曾在《回顧》一書中對他做了客觀的報導：「還有一個十分突出的例子。這個人以前當過兵，從未受過什麼正規的科學訓練，也根本不知道這些訓練能帶來什麼好處或壞處。他只不過是獵狐村的一位紳士罷了。他只不過憑藉自己超人的精力和過人的精明、不知疲倦的勤奮和滿腔熱情，為自己贏得了不朽而尊貴的科學家的美名。他首先考察了許多人們從未加以考察的高山、峽谷。

「在多年的辛勤勞動中，他仔細考察岩石的構成，把它們按自然規律，進行分類，把代表各層岩石的各具特點的化石精心整理、歸類。他還獨自一人做出了世界地質歷史上的兩大貢獻，他的偉名永遠留在這本《緯地之書》的扉頁之上。這位先生從不保留自己的知識。無論在國內還是國外，只要能用上他的知識，他總是竭心盡力。他說：『知識是人類共有的財富，我能把我僅有的一點知識用之於人類，這是上帝對我的愛。』這位先生就是羅德熱克·麥切遜。」

但麥切遜不僅僅是一位地質學家，由於他自己不斷地努力，他對許多學科都有深刻而絕非膚淺、獨到而絕非一般的研究。他知識廣博、精深，在科學史上，只有那些百科全書式的偉大科學家才能與之相比。

5・偉大的藝術來自後天的努力

和其它任何領域一樣，要在藝術領域取得卓越的成就，也惟有憑藉辛勤勞動。無論是創作一幅精美的圖畫，還是雕刻一尊高貴的塑像，都不是輕易可以做到。即使是一個具有天才稟賦的人，想擁有嫻熟的筆法和精巧的刀工，也只能來自堅持不懈的練習。

喬舒亞・雷諾茲爵士對勤能補拙篤信不疑。他堅持認為，非凡的藝術才能，「不管人們把它歸結為天才、興趣或老天爺的恩賜，都可以通過後天的努力獲得。」他還說：「如果想做一個不同凡響的人，就必須投身於你的工作。不管你願不願意，早晨、中午和晚上都得如此。沒有任何休息、娛樂的時間，只有十分艱辛的勞動。」

當然，在藝術領域，想成為一個最傑出的藝術家，儘管勤奮用功是絕對不可缺少的條件，但是，不可否認，只有勤奮而沒有與生俱來的天才，還是不行。充其量，這樣的人只能成為一個藝術家。這種稟賦來自自然，但可以通過自我修養，使之臻於完善。自我修養比任何學校的教育都更為有效。

很多最偉大的藝術家都是在貧困和重重阻礙考驗下，憑著自己的艱苦努力脫穎而出。讀者很快就會讀到一些極有說服力的事例。克勞德．洛林是一個糕餅師傅；丁多雷托是一個染色工；卡雷維吉斯兄弟，一個是調色工人，一個是羅馬教廷的灰漿搬運工；薩爾瓦多．羅薩曾是一個惡棍；朱亞托是一個農民的兒子；吉卜賽是一個流浪者；卡維登曾被他的父親趕出家門，以乞討度日；卡路瓦是一個砌石工。這些人以及其他一些著名的藝術家，都是在逆境中自強不息，通過艱苦的努力和勞動，獲得卓越的成就。

這些人功成名就，決非出於幸運或偶然，而是完全憑藉自己的勤奮和努力。雖然他們當中的一些人獲得了財富，但那畢竟是極少數，並且，這也絕不是他們當初從事藝術工作的主要動機。對金錢的任何崇拜，在一個藝術家早期的藝術生涯中，是不可能使他做到自我控制及勤勉用功的。不懈的追求所帶來的快樂，就是對他最好的獎賞，隨之而來的財富倒是出乎意料的偶然。

許多心靈高尚的藝術家寧願順應自己天性的癖好，也不願和公眾討價還價。斯賓諾內托以自己的一生完成了《色諾芬》這篇美麗的神話。在他獲得十分優越的生活條件之後，他真想擺脫這種世俗的豪華給他帶來的影響，回到昔日的貧困和艱苦的勞動中去。

和喬舒亞．雷諾茲爵士一樣，米歇爾．安吉魯也深信勤勞的力量。他堅信想像力什麼也不能創造，如果雙手生來就能隨意志而行動，那就沒有什麼不能在大理石上體現出來。他本人就是一個最勤奮用功的人。和自己的大多數同代人相比，他把更多的時間用在練習之中。對於自己的這種能力，他歸功於自己沒有休閒上的嗜好。當他投身於工作的時候，他一天的全部要求就是一片麵包和一杯葡萄酒。他經常半夜起來繼續工作。在這種情況下，他首先把蠟燭固定在一頂用紙板製成的帽子上，再把帽子戴在頭上，就著燭光進行雕刻。有時候，他實在太疲憊了，以致脫衣服都來不及，便和衣而眠；一旦精力稍稍恢復，又立即投入工作。他最喜歡的一套裝置是：一個老人坐在一輛輕便馬車上，上面還有計時的水漏，水漏上鐫刻著：Anco raimparo!（義大利語，意為：永不停歇的自動器——我仍然在學習。）

梯辛也是一個不知疲倦的工作狂。他的名作《殉道者彼得》（彼得是耶穌十二門徒之長），整整花了他八年時間；另一幅名作《最後的晚餐》也耗時七年。在給查爾斯五世的信中，他寫道：「送給陛下的這幅《最後的晚餐》，我日日夜夜，不停歇地工作了七年——doposette anni lavorandovi quasi continuanaente!」（義大利語，意為：連續不斷地工作了七年。）在這件偉大的藝術作品中，藝術家所付出的辛勤的勞動和長時期的訓練，是極少有人想到的。它們似乎是輕而易舉，很快就被完成了。然而，這種輕而易舉是多麼得來不易啊！

「這尊半身塑像，你只花了10天時間的勞動，竟然索價50個金幣？」一個威尼斯貴族對這位雕刻家說。「可是你忘記了，」這位藝術家回答：「我花了30年時間才學會在10天時間中雕刻成這尊半身像。」

有一次，有人指責多門徹諾在完成一幅畫時速度太慢。他回答：「我正在不停地用我的頭腦繪製它呢！」正是憑著這種勤奮的本質，奧古斯塔斯·卡爾科特勳爵在創作他的代表作《羅徹斯特》的過程中，繪製了40多張草圖。這種不斷重複是在藝術領域中獲得成功的主要條件之一，正如在生活中一樣。

大自然不管怎樣慷慨大方，賦予一個人天才的稟賦，在對藝術的追求上，這個人仍然需要付出長期而堅持不懈的努力。許多藝術家確實早慧，但是，如果不勤奮用功，這種早慧也會如流星一般，轉眼即逝。關於韋斯特的奇聞軼事，已是家喻戶曉。在他還只有7歲的時候，有一天，他坐在搖籃旁邊觀察熟睡的嬰兒。他被熟睡中的妹妹的美麗深深打動了，跑去找來幾張紙，立即用紅和黑兩種顏色畫出了一張肖像。這一偶發事件顯示了存在他身上的藝術天賦，並且使他癡迷而不能自拔。如果不是過早的成功毀了他，他或許會成為一個更偉大的畫家。他的聲譽雖然偉大，但不是可以通過練習、考驗和困難換來的，而且它不能持久。

當理查德．威爾遜還只是個孩子的時候，他就喜歡用炭筆在房子的牆上描繪人和動物的輪廓，並樂此不疲。他的興趣首先放在肖像畫。但是，在義大利的某一天，當他去拜訪朋友祖卡雷尼時，朋友外出未歸，他等得不耐煩，便開始畫朋友臥室的窗戶。待祖卡雷尼回來，竟被這幅畫迷住了。他問威爾遜是否學過風景畫。威爾遜回說沒有。「那麼，我建議你，」祖卡雷尼說：「去試試吧！你一定會獲得巨大的成功！」威爾遜採納了朋友的建議，他認真學習並努力工作，終於成為英國一流的風景畫家。

霍格斯，雖然在學習功課方面智力十分低下，但他非常喜歡畫字母表。他的練習本被他裝飾得比作業本身漂亮得多。功課上，他在學校中被認為是最笨的，但是在裝飾方面，他獨領風騷。父親把他送到一個銀器匠身邊當學徒。在那裡，他學習繪畫，也學習在羽毛和其它無價值的東西上雕刻匙和叉。從銀器雕花中，他繼續在銅器上進行雕刻自學，主要是刻一些年輕女子的陪嫁和想像中的怪物的圖案。

在這些實踐過程中，他立下雄心壯志，要勾畫各種人的性格特徵。在這一領域，他所取得的卓越成就主要是他細緻的觀察和勤奮練習的結果。他一直孜孜不倦地開發自己的才能。他能精確地記下任何一張與眾不同的臉蛋，然後在紙上重新描繪出來。如果他偶然碰上一個極其古怪的形狀或一張奇異的臉蛋，他總是當場進行速寫，把它畫在大拇指的指甲上，回家以後，再利用空閒時間進行擴充。

任何不同尋常和具有創造性的東西，對他都有強烈的吸引力。為了能碰上一些有個性的人，他跑了許多邊遠偏僻的地方。這種細緻的積累，使得他日後能把許多寶貴的思想和觀察的結果融入自己的作品。因此，他的繪畫極其真實地反映了他所生活的那個時代人們的個性、生活方式，甚至思想狀況。

很長一段時間，霍格斯處境十分艱難，但他仍然以一種愉快的心情投入工作。他雖然貧窮，但他還是努力做到靠這點微薄的收入度日。他曾經驕傲地誇耀說，他自己是「一個計算很精確的出納員」。在他克服所有困難，功成名就之後，他喜歡回憶早年的艱辛勞動和生活。他生命不止，戰鬥不息。身為一個普通人，他的一生是光榮的；身為一名藝術家，他的一生是輝煌的。有一次，他說：「我很清楚地記得我進城的時候，身上不足一先令，搞得我愁眉苦臉，悶悶不樂。但在我的一套銀食具賣了十里拉時，我立即回家，帶上寶劍，就像一個腰纏萬貫的人那樣，充滿自信地外出旅行去了。」

6・藝術之路並不平坦

「勤奮努力和堅持不懈」是雕刻家班克斯信奉的格言。他不僅身體力行，而且極力向人推薦。他素來平易近人，有許多胸懷大志的青年人常前來向他請教並請求幫助。

據說，有一天，一位男孩前來拜訪。班克斯的傭人對這位男孩猛力敲門，十分憤怒，指責他粗魯無禮，並準備把他轟走。班克斯無意中聽到了，便走了出來。這小男孩手中拿著一些畫，站在門口。「你想要我為你做點什麼？」雕刻家問道。「先生，如果您願意，我想請您允許我在美術學院學畫。」班克斯說自己不能接受他的請求，但想看看他的畫。經過仔細觀察，班克斯說：「到美術學院來還為時太早，小傢伙！你先把太陽神畫得更好一些，一個月以後再拿來讓我看看。」

這小男孩回家以後，加倍努力地練習和畫圖。一個月之後，他再次拜訪這位雕刻家。這一次畫得好多了。但是，班克斯在給他提了許多學習和練習的意見之後，又把他打發回家了。又一個月過去了，這小男孩再次出現在班克斯家門口。他的畫已經有了長足的長進。班克斯非常高興地接納了他。因為從這個小男孩身上，他看到了自己的影子。這小男孩就是莫爾熱底。此時，一位雕刻家的徵兆已經豐富地表現出來了。

克勞德．洛林之所以聲譽卓著，全是由於他孜孜不倦的勤奮精神。他出生於法國東北部香檳省洛林地區一個窮苦的農民家庭。他首先是在一個雕刻石膏模型的人身邊當學徒。後來，他又到從事木刻的哥哥的店鋪裡學習木刻。在那裡，他顯示出自己的藝術才華。一位旅行商說服了他的哥哥，讓克勞德隨他去了義大利。到了羅馬，他很快成了風景畫家阿各斯汀洛．塔穗的管家。

其後，克勞德就以這個身分開始學習風景畫，並在往後的過程中開始了創作。接下來，他到義大利、法國和德國旅遊觀光。沿途，他會偶爾停下來創作風景畫，並藉此補充自己的錢袋。當他再度回到羅馬，他發現人們對他的作品的需求量越來越大。最終，他的聲名傳遍了歐洲。

他不知疲倦地研究大自然中的各種物體，花了大量時間去描繪房屋建築、土地、樹木、樹葉和諸如此類的東西。他把這些畫細緻而完整地保存起來，以備創作風景畫之需。他也十分關注天空，有時候，一整天從早到晚都在觀察，注意在烏雲飄過和光線明暗的情況下天空的各種變化。經過這種不間斷的實踐，雖然進展緩慢，但他還是獲得一雙靈巧的手和一雙敏銳的眼睛，為他躋身於一流的風景畫家奠定了堅實的基礎。

唐納是一名傑出的畫家，被譽為「英國的克勞德」。他在藝術道路上也付出了極為艱辛的勞動。他的父親希望他子承父業，當一名理髮師，所以一直讓他在倫敦自己的店鋪裡實習。直到有一天，唐納在一隻銀製托盤上畫了一件軍大衣，深深吸引了一位他的父親正為其刮鬍子的顧客，父親才同意培養他的愛好，並最終被允許以藝術為業。

和所有年輕的藝術家一樣，唐納也遇到許許多多困難。由於他本來就身處逆境，情況就更為艱難。但是，他很願意工作，不管工作多麼低賤，他都努力從事。他很樂意去為別人的畫筆洗墨，所得到的報酬是晚餐之外，一個晚上半克朗。這樣，他既掙了錢又獲得了經驗。接著，他又給一些旅行指南、年鑒和需要卷首插畫的書籍做插圖。

他後來回憶說：「有什麼事還能做得更好呢？那可是一流的練習啊！」他做任何事都小心謹慎、虛心好學，從不因報酬低廉而敷衍塞責。他在學習方面的目標和在生活方面一樣，總是盡自己最大的努力去做好。他做畫時，總是根據以前工作的情況，事先做出安排。一個像他這樣勤勞的人，肯定會大有作為。他的影響越來越大，他對思想的理解也越來越深刻。用拉斯金的話說：「像初升的太陽，越來越光彩照人。」

不過，唐納的天才不需要任何頌詞，他所得到的最優厚的報酬是他遺贈給國家的美術作品陳列館。這使他風範長存。

到羅馬這座藝術殿堂，往往是一個學習藝術的學生最大的願望。然而，到羅馬旅行是十分昂貴的，而這些學生卻常常一貧如洗。但是，如果有克服困難的堅定決心，羅馬最終還是可以到達的。弗蘭西斯科·皮埃皮，一位早期的法國畫家，就非常渴望去參觀這座不朽的都市。為此，他答應給一位漂泊流浪的盲人當嚮導。經過長期的流浪生活，他到了梵蒂岡，通過刻苦學習，終於名揚天下。

傑奎斯·卡洛特也展現出前往羅馬的堅強決心。雖然他的父親強烈地反對他去當一名藝術家，但他並沒有因此放棄自己的追求。他離家出走，踏上了前往羅馬的路途。他身無分文，很快陷入困境。他和一幫流浪者打得火熱，加入他們的團體，和他們一起從一個廟會趕到另一個廟會，四處流浪，經歷了無數次冒險。在這次不同尋常的旅途中，卡洛特獲得了關於圖案、特徵和個性的特殊知識，為他後來的創作，特別是為他以一種誇張的形式表現出來的雕刻提供了大量素材。

當卡洛特終於到達羅馬，一位紳士為他的機靈和熱情所感動，把他安排在一位藝術家身邊學習。但是，他不想只在羅馬做短暫逗留，他在這裡待了下來。在羅馬，他結識了波利傑和托馬辛。這兩人看了他的色彩畫以後，預言他必能成為一個大有前途的藝術家。但是，卡洛特家族的一個朋友偶然中遇見了他，便想方設法，逼使這位流浪者回家。此時，他已習慣於浪跡江湖的生活，他的心再也平靜不下來。於是，他第二次離家出走。但是，他再一次被帶回家，他的哥哥在都靈抓住了他。最後，他的父親見勸阻無效，乾脆投他所好，讓他到羅馬學習藝術。這一次，他在幾位大師門下，十分勤奮地學習了幾年的設計和雕刻。在他返回法國途中，柯茲摩二世鼓勵他去佛羅倫薩。於是，他又到那裡學習和工作了幾年。在他的贊助者死後不久，他回到了家鄉南錫，憑著手中的雕刻刀和畫筆，很快名利雙收。

內戰期間，南錫被圍攻佔領之後，黎塞留要求他為此事進行設計和雕刻。

但是，這位藝術家不願紀念這場降臨在他家鄉的災難，他直截了當地拒絕了。黎塞留無法動搖他的信念，便把他投進監獄。在獄中，他遇見了他的一些老朋友，也就是那些在他第一次去羅馬途中給他幫助的流浪者。

路易十三聽說卡洛特被關進監獄，不僅釋放了他，而且給他提供了他所想要的一切，滿足他的所有要求。他立即請求釋放他的老朋友，即那些流浪者，並且請求允許他們在巴黎街頭不受干涉地乞討。面對這種極為奇怪的請求，路易十三提出交換條件：如果卡洛特能把他們的肖像雕刻出來，他就批准。因此，卡洛特出版了一本古怪的雕塑作品，取名《乞丐》。

據說，路易十三向他提議，只要他不離開巴黎，就給他三千里弗爾的養老金。但是，這位藝術家是一個放蕩不羈的人，他更看重自由的榮耀，因而沒有答應。他又回到了南錫，一直在那裡工作。他的勤奮刻苦，從他所留下來的一千六百多件雕塑和版畫作品，就可想而知。他特別喜愛那些奇形怪狀的東西，而且總是以極其高超的技藝去塑造它們。他的那些自由版畫都是精雕細刻出來的，而且特別小巧玲瓏。

本瓦路托·謝林利的一生更富於傳奇色彩，且更具有冒險精神。他是一個天才的金器製造家、畫家、雕刻家、版畫家、工程師和作家。正如他自己所說，他的自傳是所有自傳作品中最不同尋常的。他的父親吉文尼·謝林利是佛羅倫薩洛倫佐·德·麥地聖的一個宮廷音樂家。吉文尼對兒子的最高期望是要他成為一名演奏長笛的專家。但是，吉文尼在失去自己的職位之後，他發現讓兒子學做生意更有必要。因此，他把本瓦路托送到一位金首飾商的店裡當學徒。

本瓦路托已經顯示出對繪畫和藝術的強烈愛好。把這種愛好應用於他的職業，他很快就成了一位心靈手巧的工人。某一次，在和一些市民爭吵之後，他突然失蹤了六個月。這段時間，他在西埃拉一個金首飾商的店裡工作，獲得了關於製作金銀珠寶的很多經驗，技藝大為提高。

他的父親仍然堅持要他成為一個長笛演奏家。他雖然十分不悅，但還是堅持不懈地練習演奏。他的主要興趣在藝術方面。對此，他表現出極大的熱情。返回佛羅倫薩之後，他便開始細緻地研究萊昂納多·達·芬奇和米歇爾·安吉魯的設計。為了更進一步提高金首飾加工技藝，他徒步去了羅馬。在那裡，他歷盡了千難萬險。再回到佛羅倫薩，他已是金首飾加工方面最權威的專家，而且他這樣的人才，市場上極為緊缺。但是他性情暴躁，因而經常陷入困境，不得不為生活而四處奔波。因此，他化裝成一個行乞修士，從佛羅倫薩逃到西埃拉避難。後來又到了羅馬。

在第二次定居羅馬期間，謝林利得到了廣泛的支助。他以金首飾商和音樂家的雙重身分，為羅馬教皇服務。他通過和最優秀的人交往，不斷學習和提高自己的水平。他鑲嵌珠寶，燒製搪瓷，雕刻圖章，設計並完成各種金、銀和銅質作品。在這些方面，他超過所有其他藝術家。一旦他聽說哪個金首飾商在某方面具有專長，他就會立即下定決心超過這個人。因此，他可以與一流的金首飾商、二流的搪瓷工、三流的珠寶商相媲美。事實上，在他所熟悉的每一個領域，他都想技壓群芳，獨步天下。

以這樣一種精神投入工作，謝林利取得如此輝煌的成績也就不足為奇了。他是個不知疲倦，精力充沛的人，也是個四處奔波，不肯安靜的人。他一會兒在佛羅倫薩，一會兒又在羅馬；然後到曼圖，到羅馬，到那不勒斯，再回到佛羅倫薩；接下來又到了威尼斯和巴黎。他總是騎著馬長途跋涉。

因為不可能隨身攜帶很多行李，所以，每到一處，他總是先給自己製造一套工具。他的所有作品，他不僅自行設計，而且親自製作——他親手捶打，親手雕刻，親手澆鑄，使之成形。

事實上，他的作品都鮮明地打上了天才的印記，它們不可能由一個人設計而由另一個人製作出來。哪怕是最簡單的物件——女人腰帶上的一粒帶扣、一枚圖章、一個小金盒、一枚胸針、一枚戒指或一粒紐扣——到了他的手中，就變成一件漂亮的藝術品。

謝林利的獨特之處在於他製作手工藝品的迅速和靈巧。有一天，一位外科醫生到一位名叫拉夫洛·德爾·莫諾的金首飾商家，準備給他女兒的手動手術。當時，謝利林也在場。他看到這位外科醫生的工具製作粗陋又笨拙（其實，當時的手術刀都如此），就請求這位醫生推遲一刻鐘進行手術。然後，他跑回自己的店鋪，拿出一截上好的鋼材精製出一把非常漂亮的手術刀。為此，手術進行得十分成功。

在謝林利製作的所有雕塑中，最重要的是銀質的朱庇特神像。它是他在巴黎時為弗蘭西斯一世雕刻的。其次是柏修斯神像，是在佛羅倫薩時為柯志摩大公製作的。他還用大理石雕刻了阿波羅、赫爾信哲斯、納西瑟斯和尼普頓等神像。鑄造柏修斯神像這一非同尋常之舉，或許最能說明他與眾不同的個性。

柯志摩大公看到柏修斯神像的蠟製模型，斷言說這個模型絕不可能用銅澆鑄。謝林利立即受到這種不可能性之預言的刺激。他不僅去嘗試，而且真正動手去做。

他首先用泥土製成柏修斯神像的模型，再把模型進行煆燒，然後在上面塗上很厚的一層蠟。這樣，他就有了一個雕塑的完美形狀。接著，在蠟像上覆蓋一層泥土，再去煆燒這層泥土。在這一個過程中，蠟燭熔化並流走，使兩層泥土之間留下空間，可以容納金屬。為了避免干擾，後一個過程是在高爐底下挖的一個坑裡進行。金屬熔化以後，將通過一些管道和小孔，注入事先預備好的模型之中。

謝林利已經買好了幾車松木，準備已久的澆鑄過程現在開始了。高爐裡放滿了黃銅和青銅碎片，火點燃了。含樹脂的松木很快就燃起熊熊大火，以致店鋪也燒了起來，部分屋頂隨即燒盡。與此同時，狂風大作，雷雨交加。雨下在高爐裡，使爐溫升不起來，金屬難以熔化。一連好幾個小時，謝林利為了努力使爐溫上升，不停地添加木材。直到最後，他筋疲力盡，不幸病倒。他預感到在塑像鑄成之前，他就會死去。他不得不把金屬熔化後注入鑄型的任務交給助手，自己上床歇息。

他的親友極力寬解他的沮喪。突然，一個助手走進房間，哀歎道：「可憐的本瓦路托的工作已經不可挽回地破產了！」

聽到這句話，謝林利立即從床上跳起來，衝向鑄造車間。他發現火已經快要熄滅，高爐裡的金屬也已經凝固。

他派一個鄰居拉來一車存放了一年多的橡樹。不久，他再一次燃起了熊熊大火。金屬終於熔化了，並且閃閃發著光亮。然而，狂風仍然在怒吼，傾盆大雨仍然下個不停。因此，為了保護自己，他派人拿來了幾張桌子、幾塊牆氈和一些舊衣服。他躲在桌子後面，向高爐添加木材。他時而用生鐵、時而用長木杆進行攪拌。不久，那些金屬徹底熔化了。在此緊要關頭，考驗的時刻來到：只聽到一聲霹靂般的巨響，震耳欲聾，在他眼前，有無數火光閃動。高爐上的蓋子被衝開，熔化的金屬向外流溢。他發現金屬沒有按正常速度流動。他跑進廚房，把所有的青銅製品都拿來——大約有三百只湯缽、碟子和水壺——他把這些東西都丟進高爐。最後，金屬液體才自由流動。就這樣，輝煌壯觀的柏修斯雕像終於澆鑄成功了。

7．困苦是培養偉大藝術家的最好學校

通過前述的很多例子，我們可以發現，許多藝術家在成功之前，都曾遭遇過最能考驗他們勇氣和耐力的貧困生活。

馬丁在其藝術生涯中所遇到的那種困難，也許曾擊敗了少數意志不堅的人。在他開始創作他的第一幅偉大作品的過程中，他經常處於饑餓邊緣。他自己曾經敘述，一次，他發現他身上僅有一先令，亮閃閃的一先令——他沒有用掉它是因為它亮閃閃。這一次，他必須用它買麵包。於是，他到一家麵包店，用身上僅剩的這一先令買了一塊麵包。正當他要帶走麵包時，賣麵包的卻從他手中搶走了麵包，並把那一先令扔回給他。亮閃閃的那一先令在關鍵時刻並沒有派上用場——因為那是一枚壞了的硬幣。

回到租住的小旅店，他只能翻箱倒櫃，找出一些剩下的麵包皮聊以充饑。全靠他對藝術的強烈熱愛，支撐著他繼續熱情不減地從事藝術創作。他勇毅地繼續工作，等待時機。幾天後，他找到一個機會，適時地展出了他的畫。從那以後，他成名了。像許多其他偉大的藝術家一樣，他的人生經歷證明了這樣一個道理：不管外部環境多麼惡劣，勤奮加天才總是一個人最有力的保障；名聲儘管姍姍來遲，最後終歸會來到。

如果一個人在工作中不能積極主動，即使按照「科學」方法對他進行精心訓練，他也成不了才。大凡文質彬彬、修養極佳之人，都極懂得自我教育。

約翰．吉布遜也是一位真誠熱愛藝術的藝術家，他對藝術的熱愛使他超脫於各種的誘惑，而這些誘惑常使那些庸俗、骯髒的人一門心思只想著賺錢。

吉布遜出生在北威爾士科威附近的吉福恩，父親是一位園林工人。他很早就表現出他的天賦——表現在他用普通隨手攜帶的小刀鐫刻出來的木刻品上。

由於注意到他的天賦方向，父親便送他到利物浦，在一個既是家具木工又是木刻工匠的人那兒去當學徒。他的手藝進步極快，一些木刻品也極為人稱道。就這樣，他走進了雕刻藝術的神聖殿堂。18歲那年，他用蜂蠟製成一個「Time」的小模型，引起許多人的注意。利物浦的雕刻家米斯．弗朗西斯一家買下了吉布遜和他師傅簽訂的契約。就這樣，他又轉歸弗朗西斯一家門下做了六年學徒。在此期間，他的天才不斷展現在許多新穎、頗具獨創性的作品上。其後，他去了倫敦。隨後又到了羅馬。因而他在整個歐洲都頗具盛名。

想在繪畫、雕刻藝術方面成就斐然，無疑需要付出辛苦和勤勞，需要專心致志。這些，同樣也是音樂藝術所需要的卓越品質——繪畫和雕刻是形式和色彩之詩，音樂則是自然之聲。

韓德爾便是這樣一位不辭辛勞又專心致志的音樂家。他決不在失敗和挫折面前低頭；相反，他迎難而上，經常在逆境中增長才幹。當他還是一個無償付能力的債務人時，他從沒有屈服過，而且，在一年之中，他就創作出《掃羅》、《以色列》，並為《德勒登頌歌》譜曲；他還創作了《十二大協作曲》及歌劇《朱庇特在阿格斯》。這些都是他最好的作品。正如他的傳記作家所評論的：「他敢於嘗試一切。而且，他一個人獨力完成了12個人的工作。」

海頓在談到自己的藝術成就時說：「主要在於對所從事的事業鍥而不捨。」莫札特則說：「工作是我最大的樂趣。」貝多芬最喜愛的格言是：「對有抱負的天才和勤奮的人來說，沒有不可克服的障礙。」當摩西爾斯把他為《菲德利奧》譜寫的鋼琴樂譜交給貝多芬時，貝多芬在最後一頁發現了他寫的一段話：「在上帝的幫助下完成。」貝多芬立即寫下這麼一句話：「人類啊，救救你自己吧！」這也是他藝術生涯的座右銘。

有關音樂作曲這門藝術，到目前為止，英國人在這方面最稱傑出。他們非凡的作曲能力在極大程度上為我們提供了許多其它百折不撓的例子。如果沒有他們在這一特殊領域的不屈奮鬥和拼搏，我們真不敢設想音樂界將會是何種模樣。

威廉·傑克遜不久前去世了。他的音樂生涯同樣為我們提供了以百折不撓的頑強毅力克服各種艱難險阻，勇攀音樂高峰的典型實例。

《以色列之解放》是威廉創作的清唱劇，曾經在約克郡的主要集鎮上演出過，並獲得極大的成功。威廉的父親是麵粉廠老闆。愛好音樂是傑克遜家的老傳統。威廉的父親是馬什姆志願者樂隊的吹笛手，橫笛吹得相當棒，而且是教會歌唱隊的歌手；祖父是馬什姆大教堂的主唱歌手和搖鈴人。威廉最早的音樂事蹟是小時候參加周日的鳴鐘儀式。在這項儀式中，他對風琴手演奏管風琴興趣甚濃。演奏管風琴時，房門洞開，以便樂聲飄進教堂。通過洞開的大門，坐在走廊後面十分好奇的孩子們可以看到風琴的音栓、風笛、風管、嘴套、鍵盤，以及那些風琴手。

8歲時，威廉便開始吹奏他父親那支不能發出音調的舊橫笛。母親給他買了一支一個調的（當然是D調）長笛，彌補了這一不足。後來，一位熱心的紳士送給他一支有著銀鈴般之音調的長笛。由於小威廉在學校只熱衷於板球、手球、拳擊之類運動，對課程的學習卻不感興趣，因而在學業上進步遲緩，校長只得勒令這位「壞學生」退學。他的父母只好送他到佩特利布里奇地區的學校讀書。在那兒，他在布賴特豪斯凱特的一個村合唱歌手俱樂部裡找到了知音。和他們在一起，他瞭解了舊式英國音樂的全音域。這樣，他就受到了樂譜閱讀的良好訓練。不久，他就成為一名識譜高手。

他的進步連俱樂部都深感震驚。返家時，他對音樂充滿了幻想。當時他就學著演奏他父親的一架舊鋼琴，但沒有音調優美的效果。他渴望得到一架自己的手風琴。但他沒有能力購買。大約就在這個時候，鄰近地區的一位教會文書花了一筆數目不少的錢買了一架不堪使用的小管風琴。這架管風琴曾在北部各郡做過巡迴演出。那位文書曾試著修復它，但沒有成功。最後，他想到了小傑克遜，因為小傑克遜曾經成功地改進了教區教堂的手風琴。他想讓小傑克遜試一試。因此，他用驢車將管風琴運到小傑克遜的房間。很快，小傑克遜就幫他將管風琴修復了，管風琴重又奏響了它昔日優美的音調，這使它的主人——教會文書非常快慰。

那時，一個想法縈繞在小傑克遜的腦際，即他或許能自製一架管風琴。他決定立刻動手。父親和他一道著手這一工作。雖然沒有學過木匠活，但是，經過他們的辛勤努力，在許多次失敗以後，他們終於成功地製造出一架管風琴。

他們製造的這架管風琴能奏出10種不同的音調，這被街坊四鄰認為是一個了不起的奇蹟。其後，小傑克遜經常被人請去修復教堂的舊風琴。他總是幫他們在管風琴上設置一些新曲調。他所做的一切，使雇主們相當滿意。

自那以後，他開始製造一架回音調的手風琴。通過改造一架舊羽管鍵琴上的琴鍵，他造出這架四音調手風琴。他學著演奏它——晚上學習《卡爾科特和聲法》，白天則在父親的麵粉廠上班。偶爾，他也趕著驢車，走村串戶，沿途叫賣麵粉。夏天，他在田間地頭不息地勞作；在蘿蔔時節、乾草時節，他收割果實；閒暇時間則與音樂相伴相依。接著，他又開始了音樂作曲。十二「頌歌」，這位麵粉廠主之子14歲時的作品，當時曾呈送給約克郡那位此時剛故去不久的克米奇先生。克米奇先生非常滿意，不過，也劃出了其中一些不太好的部分，然後將它送還給小傑克遜，並給予了積極的評價。這使小傑克遜感到很光榮，他決定繼續他的音樂作曲。

馬什姆的鄉村樂隊組建後，小傑克遜就參加了，最後被任命為樂隊隊長。在樂隊中，他交替演奏各種樂器。就這樣，他獲得了相當實用的知識。他也為樂隊創作了許多曲子。當一個新的手風琴隊在教區教堂成立時，他被任命為首席風琴手。

自那以後，他就不再幹走村串戶叫賣麵粉的活兒，轉而開始從事油燭製造，閒暇時間則繼續鑽研音樂。一八三九年，他出版了他的「第一頌歌」——《讓豐饒的小山村歡快地唱起來》；接下來的一年，即一八四〇年，他的《牧場姐妹》獲得哈德郡合唱隊的一等獎。他的其它「聖歌」，像《仁慈的上帝》和《第一〇三讚美詩》（這是為一支二重合唱隊而寫）都非常著名。在那些小音階作品中，傑克遜繼續為它們譜寫清唱曲調。他的譜曲過程通常是：從油燭廠下班後，趕忙記下閃現在腦際的一些靈感火花，晚上再把它譜成樂曲。

他的清唱劇目大都是在一八四四至一八四五年期間創作出來。29歲時，他譜寫了最後的合唱曲。他的這些作品很受歡迎，經常在北部的一些集鎮為人們表演，取得很大的成功。最後，他在布拉德福教授音樂，對培養那一集鎮及其附近地區人們的音樂興趣做出很大的貢獻。

自那以後，他曾帶領他的布拉德福合唱組歌手在白金漢宮為女王陛下進行了出色的表演。在另一個時機，也是在王宮，他的一些合唱作品，因為合唱組出色的表演，取得了很好的效果。

傑克遜的人生經歷為世人提供了又一個自強不息的實例，他的勇氣和勤奮使他克服了常人難以克服的困難。

第三章

偉大的商人都是了不起的人

I・商業並不低賤

經濟學家黑茲利特在他一篇有名的散文中，把商人的卑鄙行徑做了形象的描繪：他們坐在飛奔的馬車上，生命和交易融為一體；他們聲稱自己所必須做的不是走出疾馳的馬車，而只是為了不耽擱生意，讓生意自行驅馳。

黑茲利特寫道：「對日常事務的良好管理所必不可少的重要因素，不是什麼豐富的想像力或深邃的思想，而只是狹隘的關於顧客和利潤的計算。」他給商人所下的這個定義其實是極為片面的，也不符合客觀事實。

誠然，既存在心胸狹窄的科學家、文學家和立法者，也存在心胸狹窄的商人。但是，大多數商人都思想開明、心胸寬大，能採取大規模行動。正如伯克在關於印度法案的演說中所提到的，他認識一些像商販一樣狹隘的政治家，也認識許多具有政治家膽識的商人。

如果我們考察任何一項重要工作取得成功所必須具備的品質，我們就會發現，它必須擁有聰穎的天資、在緊急情況下迅速行動的敏捷、對大量勞動者進行組織的能力、高明的策略、對人性的瞭解、經常不斷的自我修養和在實際生活中總結出經驗教訓。

我們認為，商業帶給人們的印象決不像某些作家所告訴我們的那樣狹隘。霍爾普斯先生所言或許更接近真理。他說：完美的商人幾乎和偉大的詩人一樣少見。或許，比真正的聖徒和殉道者更為稀少。事實上，「商業鍛造人」，這是任何其它行業都不可能與之相比的。

然而，長期以來，人們都存在這樣一種偏見：天才人物不適於從商，商業也不適合於天才人物。幾年前，有一個少年自殺了，因為他「生在一個雜貨商家裡，命中注定要做一個雜貨商人。」他這一行為表明他的靈魂不配享有雜貨商這一職業的尊嚴。因為並不是這一職業使他墮落，而是他自己使這一職業蒙受了屈辱。

不管是體力勞動還是腦力勞動，所有以誠實掙錢的工作都是光榮的。即使十指上沾滿塵土，心靈仍可以極度純潔；因為貶損人格尊嚴的與其說是肉體上的灰塵，不如說是靈魂上的骯髒：貪得無厭遠遠劣於臉上的塵垢，邪惡陰險遠比手上的銅綠卑污。世界上最偉大的人物，在追求崇高目標的同時，決不輕視賴以謀生的正常勞動。

古希臘七賢之首泰勒斯、雅典共和國的第二代締造者梭倫和著名的數學家海伯雷特斯都是商人。以其過人的才智而被奉為聖人的柏拉圖，在埃及遊學的過程中，靠沿途販賣石油所得的利潤支付一切費用。斯賓諾沙在從事哲學研究的同時，靠磨製眼鏡維持日常生活；偉大的植物學家林耐一邊從事學術研究，一邊從事皮革製造和皮鞋生產。

莎士比亞是一個很有才能的劇院老闆。他的非凡成就有賴於他寫作劇本和詩歌的才能，但它是以這種經營劇院的才能為基礎。波普認為莎士比亞從事文學創作的主要目的是為了獲得足夠維持其閒居生活的收入。事實上，莎士比亞對他在文學上的聲譽似乎全然不關心。從來沒有聽說過他自己出版過哪一部劇本，也沒有聽說過他認可哪部劇本的出版；而且，他這些作品的寫作時間至今仍是個謎。但是，有一點可以肯定，那就是他的生意興隆紅火，使他得以獲取相當多的資產，回到故鄉斯特拉特福過閒居生活。

喬叟早年當過兵，後來歷任海關督察員、森林視察員和王室領地檢查官，政績斐然。斯賓塞曾經擔任過愛爾蘭郡長祕書，後來又當了科克市的行政司法長官。據說，他是個十分精明能幹的生意人。彌爾頓最初是個中學校長。在共和政體時期，他被擢升為參議院祕書。現存的參議院動議通告簿和保存下來的大量彌爾頓書信，表明了他在擔任這一職務時所參加的活動和所發揮的積極作用。伊薩克・牛頓爵士是一位很有能力的造幣廠廠長。一六九四年，新貨幣就在他的親自管理下鑄造出來。考珀曾經以在商業活動中嚴守信用而著稱。他自我表白說：「我從不知道自己是個詩人，只知道自己是一個嚴格守時的人。」

談到這一點，我們會想到華茲華斯和司各特的生活。前者是一個郵遞員，後者是地方刑事法院的一名職員。他們兩人不僅是聲名卓著的詩人，也都是極為守時的實力派商人。大衛・李嘉圖是倫敦的一位股票投機商，在股票炒作過程中發了大財，使他可以集中全部精力從事他感興趣的工作，並在這一領域取得豐碩的成果。他闡明了政治經濟學原理，這有賴於他集商人的精明敏銳和哲學家的學識淵博於一身。貝利，這位卓越的天文學家，也曾經是一個股票投機商；化學家阿倫，曾經是一位絲綢製造商。

今天，我們可以舉出更多的例子說明這一事實：天資聰穎、才華橫溢的人與商業這一要求行動敏捷、講求效率的職業並非格格不入、水火不容。格羅特，偉大的希臘史專家，是一位倫敦銀行家。約翰・斯圖爾特・密爾是當代最偉大的思想家之一，他剛剛從東印度公司監察部退休回來。他能贏得人們的尊敬和愛戴，不僅僅在於他深邃的哲學思想，也由於他在監察部建立了一套高效率的商務活動方式。

2・要獲得商業上的成功，同樣不易

商業活動的成功之路與其它領域並無二致。如同獲得知識和追求科學一樣，堅忍不拔和吃苦耐勞是其中必不可少的品格。古希臘有一則格言：「無論從事哪種職業，想成為一個出類拔萃的人，必須具備三個條件——天性、學習和實踐。」在商業活動中，能使人從中增長才幹和見識的實踐，是走向成功的最大祕訣。

有的人可能會在家中等待所謂的「幸運」。但是，企圖像賭博那樣賺錢，這種「幸運」只會誘使人走向毀滅。培根說：「在商業活動中就如同在旅行途中，捷徑往往最為兇險，甚至會帶來滅頂之災。一個人如果想走上最寬闊平坦的大道，他就必須經過一點彎路。他在旅途中的時間或許會漫長些，但他可以得到工作的樂趣，並給他帶來滿意的結果，他得到的快樂會更加真實、更加完美。每天安排一點活計做做，哪怕這活計是辛苦的，但它會使人的生活感覺到醇美和快樂。」

每一個年輕人必須清醒地意識到：人生的幸福和德行主要取決於自己，取決於自己力量的發揮，而不是取決於他人的幫助和恩惠。當約翰・羅素爵士請求墨爾本爵士為詩人莫爾的一個兒子做一點（幫助）準備時，墨爾本在回信中提出一段非常有益的建議。他寫道：「親愛的約翰，我把莫爾的信退還給你。當我們找到較好的解決方法之後，我樂意按你的意思去辦理此事。我認為，無論做什麼事，都得讓莫爾本人去做。這樣更為明確、直接和理智。讓我們去為年輕人做準備，無論如何是說不過去的，這對他們也是最為有害的事。他們自視甚高，不肯做出任何努力。我們應該告訴他們：『你自己去想辦法！你挨餓與否，完全取決於你自己。』」

明智地做出決策，精神飽滿地著手行動，在行動中能夠吃苦耐勞，這樣的人往往就能得到應有的報酬。在前進中，他就會有動力，就會形成自己鮮明的個性，而且會鞭策別人去行動。每個人所得的報酬或許並不相等，但是，從總體上說，每個人都會得到與他的付出相當的報酬。正如一則托斯卡納諺語所說：「雖然不是每個人都能生活在廣場上，但每個人都可以感到太陽的光輝。」

人生的道路過於平坦、順暢，對人性來說，有百害而無一利。勤奮工作和經受磨練的人生，比起衣來伸手、飯來張口的奢侈生活好得多。事實上，當一個人走入生活，菲薄的工資收入是刺激他努力工作的動力，這樣的生活狀況對他人生的成功是必不可少的重要條件。因此，有一位傑出的法官，當他被問及對人生的成功來說，什麼東西最重要時，他回答：「一些人靠自己出眾的才華取得成功；一些人靠裙帶關係取得成功；一些人靠奇蹟的出現獲得成功。但是，大多數人是從身無分文開始走向成功。」

我們曾經聽過關於一個非常卓越的建築師的故事：他接受了長時期的良好教育，並且到古老的東方做過旅行。然後，他回家準備從事一項實際工作。他決定能找到什麼樣的工作，就從什麼樣的工作入手。就這樣，他找到了一個與房屋維修有關的職業。這是一項最下賤而且報酬最低廉的職業。但是，這位建築師擁有良好的心態，沒有改行。並且，他下決心一直做下去。因此，他有了一個良好的開端。在一個非常炎熱的六月天，一個朋友發現他跨坐在屋頂上，全神貫注於房屋維修工作。他用手擦了擦臉上的汗珠，大聲喊道：「對於這個走遍了全希臘的人來說，這是一樁最好的職業。」他就是這樣全身心投入，一絲不苟地從事自己的工作，直到他一步一步轉入其它報酬更為豐厚的職業，最後達到他輝煌的頂點。

必不可少的勞動或許可以被看作我們稱之為個人進步和民族文明的一切東西之基礎和根源。不經過自己的努力，就給人以完全的滿足，不留下任何目標，讓他去希望、去追求和去為之奮鬥，世界上是否還有比這更大的、強加給人的災難頗值得懷疑。生活中沒有任何動力，也沒有任何行動的必要，這種感覺，對於一個有理性的動物來說，是最使人痛苦，最讓人難以忍受的。馬奎斯．德．斯賓羅拉向霍勒斯．維爾爵士詢問他弟弟的死因。霍勒斯回答：「先生，他死於無所事事。」斯賓羅拉喊道：「天哪！無所事事可是足以殺死整個人類啊！」

然而，那些在生活中遭致失敗的人，總喜歡表現出一副受到傷害的無辜者姿態，似乎他們個人的不幸是其他一切人所造成，而與他們自己毫不相干。一位很優秀的作家最近出版了一本書，書中描述了他在商業活動中的無數次失敗。與此同時，他也大膽地承認自己對簡單的加減乘除運算的忽視。他得出結論：他在生活中失敗，真正的原因在於我們這個時代的拜金主義。拉馬丁也毫不猶豫地承認了自己對算術的輕視。如果他在生意場上精明一點，我們現在就看不到他為自己的晚年四處募捐的悲慘景況了。

有些人認為他們生來倒楣，自己沒有半點過錯，這個世界卻總是與他們過不去。我們就聽說有這樣一個人，他如此表明自己的信仰：如果他是一個製帽商，老天或許會讓他生來就沒有腦袋。有一句俄羅斯諺語是這樣說的：「不幸和愚昧是鄰居。」我們常會發現，那些經常哀歎自家命運的人，大多自信心不足、不善於經營管理、喜歡鋪張浪費，而且不肯吃苦耐勞。約翰遜博士當初來到倫敦的時候，身上只有一個幾拉。在一封寫給一位動爵的信中，他署名：「不知道晚餐在哪裡的人」。約翰遜博士指出：「對這個世界的任何抱怨都是不公正的。我從來沒有看到哪一個肯付出辛勞的人被忽視。一個人不能獲得成功，一般來說，都源於自己的過錯。」

注意力集中、吃苦耐勞、計算準確、方法正確、守時重信和反應敏捷，這些都是從事任何商務活動獲得成功所必不可少的主要品質。乍看起來，這些品質都是不值一提的小事，然而，它們對於人的幸福、安定和價值的實現極為重要。不錯，它們是一些雞毛蒜皮的小事情；但是，人一生的幸福就由這些瑣碎的東西構成。

正是一些微不足道的小行為的多次重複，不僅構成了人的性格特徵的總和，也構成了各個民族的性格特徵。而且，一個人或一個國家的衰落，我們幾乎都可以發現，這種必然性就起因於他或他們對這些小事情的忽視。因此，他們撞上了暗礁。每一個人都有義務去做這些小事情。因此，就有必要培養自己做這些小事情的能力。不論你是管理家務、從事商務或某一職業，還是管理一個國家，都如此。

前面我們已經舉出了在各個行業中一些傑出人物的例子，這裡沒有必要進一步去強調吃苦耐勞在生活的各個領域中的重要性。對瑣碎之事的持久重視和關注構成了人類進步的基礎，這是從我們的日常經驗中得出的結論。而且，最重要的是勤奮。勤奮是幸運之母。準確無誤也非常重要。它是一個人是否受過良好訓練的標誌。觀察時要準確無誤，說話時要準確無誤，從事貿易事務時更要準確無誤。在商務活動中，無論做什麼，都必須做好，因為完美無缺地做好少量工作，比偷工減料，做了十倍的工作還要好。

一位智者說：「稍稍停頓一會兒，我們會更快地完成任務。」

然而，人們對準確這一十分重要的品質重視得很不夠。一位從事實驗科學的科學家最近指出：「在我的實驗過程中，我感到非常驚訝，能準確描述一件事實的人竟然少得可憐。」在商業事務中，一件微不足道的小事或你的一個小小舉動，都會影響人們對你採取支持還是反對的態度。在其它各方面具有良好的德行、能力和行為方式，但不習慣於準確的人，不可能被人信任；他所做的工作也不得不讓人去反覆查對。因此，他就招致大量麻煩、混亂和煩惱。

在他所做的一切事情中，他總是不辭勞苦。這是查爾斯·詹姆士·福克斯人格品質的一個方面。當他被任命為參議院祕書的時候，他為自己筆下糟糕的字跡大為惱火。他聘請了一個書法教員並像小學生那樣，一筆一畫地進行描摹，直到自己完全滿意為止。雖然他身材肥胖，卻十分擅長網球運動中的削球。有人問他有什麼訣竅，他開玩笑地說：「這只因為我是一個不辭勞苦的人。」

他在小事情中一絲不苟，毫不馬虎。這種認真的精神在重要的事情上更表現得淋漓盡致。他也因此聲譽鵲起。人們評價，說他像畫家一樣，「不疏忽絲毫」。

做事的方法非常重要，它可以使大量堆積如山的工作都能稱心如意地完成。

理查德．塞西爾牧師指出：「方法就像把東西裝入一個箱子。一個好的包裝者比一個差的包裝者要多裝一半東西。」塞西爾在商務活動中的敏捷堪稱異乎尋常，不同凡響。他的座右銘是：「要做許多事情的捷徑是——每次只做一件事。」他從不把一件事做到半途就扔下，等到有空閒再回過頭去完成。遇上生意緊迫，他寧可犧牲自己的吃飯時間和休息時間，也不會忽略工作中的任何一個環節。

有一位法國部長，經常出現在各種娛樂場所。但他同樣以在商務活動中的敏捷而著稱。當被問到怎樣協調這兩件工作時，他回答：「很簡單！決不要將今天要完成的事拖到明天。今日事，今日畢。」

3．時間觀念對於商業活動有特殊的重要性

一個青年在獲得一個職位後，請瓦爾特．司各特爵士給他提個建議。司各特在信中寫道：「請注意，不要讓你的癖好成為你前進中的絆腳石。癖好的糾纏會導致你不能充分利用自己的時間。那些該做的事，要立即去做。工作完成之後，才能去娛樂，決不能在工作做完之前去娛樂。部隊行軍的時候，如果前面的人馬不是平穩推進而是被打斷，後面的人馬必然陷入混亂。商務活動也是如此。如果前面的首要工作沒有迅速、平穩且按期完成，後面的事就會積壓起來。等到這些事情突然急迫起來的時候，沒有誰的腦袋能承受得了這種混亂。」

快速敏捷的行動或許是由對時間之價值的考慮這樣一種責任感推動的。一位義大利哲學家總是習慣於把時間稱為他的地產。這種地產不經過耕耘，就不會產生價值。但是，只要及時耕作，它就會帶給辛勤的勞動者相應的報酬。如果讓它荒蕪，那麼各種有害和邪惡的種子就會滋生蔓長。

穩定的職業，其最小的一個作用就是使人免受壞的影響，因為一顆真正閒置的頭腦就會想著去做壞事。一個懶漢是魔鬼的幫兇。受雇就好像是被雇用者所佔有，而無所事事就會感到空虛。一旦幻想的大門被打開，誘惑就會找到一個現成的入口，邪惡的思想就大踏步乘虛而入。

從航海中可以觀察到，當只有少數人有工作時，人們最容易怨聲載道，甚至起來造反革命。因此，有個老練的船長，當船上實在無事可做時，他總是發布命令：「洗錨。」

商人總是習慣於引用一句名言：「時間就是金錢。」其實，時間不僅僅是金錢。更恰當地說，時間是自我修養、自我提高和性格的成熟。每天在瑣碎的小事上或在懶散中浪費掉一個小時，如果用於自我提高，就會使一個愚昧無知的人在幾年中變成一個足智多謀的人；如果把這一個小時用來做善事，那他的生活就會碩果累累，功德無量。每天花15分鐘用於自我昇華，一年之後就會得到顯著的效果。

高明的思想和仔細收集起來的經驗並不佔用什麼空間，並且可以隨著公司帶到天涯海角，而不需要任何費用，也不構成什麼拖累。對於時間的節約使用是使空閒時間得到保證的正確方法，它可以讓我們順利做完工作；且可以繼續深入，而不至於使我們淹沒其中。相反，對於時間的錯誤計算，會使我們總是匆匆忙忙，陷入混亂之中，而且使生活變成了敷衍塞責的應急手段，隨之而來的往往是一場災難。納爾遜曾說：「我一生中所有的成功，都歸因於我總是提前一刻鐘完成任務。」

某些人在把金錢花光之前，從不考慮金錢的價值。對待時間也是如此，他們讓時間隨意在閒散無聊中流逝。然後，當生命快要終結，日子所剩無幾之際，他們才想到應當更明智地利用時間。可是，倦怠和懶散的習慣已經根深柢固，積習難改，牢不可破。失去了財富，可以通過勤勞，重新獲得；失去了知識，可以通過學習，重新擁有；失去了健康，可以通過節制或治療，重新恢復。可是，失去了時間，就永遠不能再得。

對時間的價值充分重視，也可以通過守時重信的習慣加以激發。路易十四指出：「守時重信是君王的禮貌。」它也是紳士的職責，對商人也必不可少。沒有什麼東西可以比這種德行更快地贏得別人的信任，也沒有什麼東西可以比缺少這種德行更快地失去別人的信任。

那些約會守時，不讓你久等的人，表明他珍惜你的時間，也珍惜自己的時間。因此，對於我們在商務活動中約見的那些人來說，守時重信是測試我們自尊心的最好方法。在某種程度上，它也是良心，因為一次約會就是一次明確或隱含的契約。那些不守時重信的人破壞了忠誠，也不誠實地佔用了別人的時間，因而必然有損人格。

我們會發現，那些沒有時間觀念，工作疏忽懶散的人，一般也會去打破別人的寧靜與安詳。切斯特菲爾德勳爵（原紐卡斯爾公爵）曾經俏皮地說：「他的尊嚴在早上丟失了一個小時，他要用這一天的時間去尋找。」那些不得不與這些不守時的人打交道的人，會時不時處於一種不安狀態：他一向遲到，按時只是不按時中的偶然。他磨磨蹭蹭，好像有什麼規律：他在約會中總是時間過了才到；到火車站趕車，總是車開了人才來；發信總是等到郵局關門才去。因此，生意總是陷入一片混亂，每一個與他有關的人都被惹得大發脾氣。

我們經常會發現，那些慣於走在時間後面的人，也慣於走在成功的後面。而且，這個世界往往把他拋在一邊，讓他壯大只會抱怨和詛咒命運的行列裡。

4・具有商業頭腦的領袖

最高級的商人除了要求具備一般的活動素質之外，還要求擁有敏銳的感覺能力和執行計畫的堅定信念。策略也非常重要。雖然這個部分來自天賦，然而，它也可以通過後天的觀察和實踐開發，提高。

具有這種素質的人很快就能看到正確的行動方式，而且，一旦確立了目標，他們就會敏捷地去實現自己的目標。這些品質具有特殊的價值，是不可缺少的。這些品質在大規模指揮別人的那些人身上，就如同在戰場上指揮千軍萬馬的指揮官身上一樣。

將軍不僅要像一個勇士，也要像一個商人。他不僅要提出高明的策略，也要瞭解人性，具備組織群眾行動的能力。他必須給眾人衣食，提供必要的裝備，以使他們能堅守戰場，贏得勝利。從這些方面看來，拿破崙和威靈頓都是一流的商人。

拿破崙非常關心事情的細節，但他同樣具有豐富的想像力。這使得他可以眼光長遠地考慮行動方案，並迅速判斷在很大範圍內該考慮的細節。他對人性有著深入的瞭解。這使得他能夠知人善任，選擇最恰當的人去執行他的計畫。在這方面，他幾乎沒有出過差錯。但是，在關鍵時刻，他所信賴的人非常有限；而這是取得勝利的重要保證。

拿破崙的性格特徵在《拿破崙通信》中得到了相當程度的揭示。這本書共分15卷，包括書信、命令和戰報。這些通信是拿破崙皇帝於一八〇七年艾路戰役勝利後不久，在芬肯斯，即波蘭邊界的一幢小別墅裡寫的。

當時，法國軍隊駐紮在巴扎基河附近。在它前面是俄國軍隊，右翼是奧地利軍隊，後面是被征服了的普魯士。和法國保持遠距離聯繫的通訊渠道必須穿越這個敵對的國家。但是，這一切都已經預先細緻周密地做了安排。據說，拿破崙沒有遺漏一個兵營。從法國、西班牙、義大利和德國遙遠的地方給部隊提供補給物品。為了使波蘭和普魯士的產品可以順利地運送到軍營，運河的開通和道路的開闢，每一個瑣碎的細節，他都做了周密的考慮。

我們可以發現，他指出了獲得戰馬的地方，準備了足夠多的馬鞍，為士兵訂購了鞋子，詳細說明了所需麵包、餅乾的數量，並為部隊準備了精神食糧，印發了有各種信息資料以備不時之需的雜誌。與此同時，我們還可以發現他寫給巴黎的信，指出了法國大學重組的方向；制定了公共教育的方案；為《蒙利特》雜誌撰寫的布告和文章；修改預算方案的細節；關於變更在吐勒雷斯修建馬德琳教堂而給建築師們的指示；偶爾對德·斯塔爾夫人和巴黎新聞記者的諷刺；參與平息對《大歌劇》的爭論；與土耳其蘇丹和波斯國王的通信……如此等等，雖然他人在芬肯斯，心卻在巴黎、在歐洲甚至整個世界一百個不同的地方不停地工作著。

我們發現，他在一封信中詢問尼萊是否及時收到他送去的滑膛槍。在另一封信中，他指示吉諾米王子給伍滕堡軍團分發襯衫、大衣、衣服、鞋子、軍帽和武器。他又催促坎貝雷斯給部隊發雙層棉襪。他說：「在這個時候，你跟我講價錢是不合時宜的。襪子必須立即發放下去！」然後，他又告訴杜拉，部隊缺少襯衣，而且他們還沒有收到貨物。在給麥瑟納的信中，他寫道：「告訴我，你們的餅乾和麵包是否準備就緒。」在給格蘭德·都·德·柏格的信中，他就騎兵的裝備問題做了指示：「他們抱怨說缺少軍刀。派一個軍官到波茲南去購買。他們還缺少頭盔。可以到埃比嶺去訂購……成天睡覺的話，是什麼東西都得不到的。」

拿破崙事無巨細，每個細節都沒有忽視，因而也激發了眾人的力量，行動起來自然就無堅不摧。雖然這位皇帝的大部分時間被檢閱部隊所佔用，在這個過程中，他每天要騎馬走三十到四十里格的路程，要檢查軍務、接見部下和處理國家事務，很少有時間去從事商務活動，但他對這方面一點也沒有疏忽。必要的時候，他把晚上的大部分時間用於核對預算、發布急電、處理這個帝國統治的各個組織和各項工作的無數細節問題。這個國家機器的大部分，可以說都集中在他的頭腦之中。

和拿破崙一樣，威靈頓公爵也是個一流的商人。說威靈頓具有天才般的經商才能，一點也不過分，因為他從來沒有打過一次敗仗。

在他還是個中尉的時候，因為自己晉升太慢，他非常不滿。他兩次從步兵營到騎兵營任職，這一次又要回騎兵營，而且沒有升級。於是他向卡姆登勳爵，然後又向愛爾蘭總督提出申請，要求到稅務署或財經委員會去任職。如果這次申請得到批准，他或許會成為這個部門的一流指揮者，最終成為一流的商人或製造商。但是，他的申請沒有得到同意，他在部隊中留了下來，後來成了英國最偉大的將軍。

10年的軍旅生涯，他由中尉升為駐印度部隊的一名上校。他的上司評價說，他是一位勤奮好學、精力過人的軍官。他對部隊的所有情況都瞭如指掌，並很注意整肅軍紀，力圖使自己的軍團成為一支紀律最為嚴明的部隊。哈雷斯將軍在一七九九年寫道：「威靈頓上校的軍團是一支模範軍團，在士兵與士兵之間的關係、紀律、教育和行為規範等方面都無可挑剔，堪稱首屈一指。」

在34歲那一年，他以一萬五千名英國士兵和五千名印度士兵對抗二萬名馬拉它步兵和三萬名騎兵，取得了舉世聞名的馬塞亞戰役的勝利。但是，面對如此輝煌的勝利，他處之泰然，安之若素，絲毫不影響他完全誠實正直的性格特徵。

此後不久，展示他身為一位行政長官所具有的令人欽佩的實際才華的時機到了。在俘獲了賽仁加滕之後不久，他被任命為一個重要地區的指揮官。他所做的第一件事就是對部下實行嚴整秩序的嚴明紀律。因勝利而洋洋自得，部隊開始變得橫行無忌，混亂不堪。他生氣地說：「把憲兵司令給我叫來，叫他去執行我的命令！不絞死一些搶劫者，想得到秩序和安全是不可能的！」他對部下的嚴厲雖然有些可怕，但是，也正因這樣，在以後的戰鬥中才拯救了他的部隊。

他的第二個步驟是建立市場和提供生活必需品。哈雷斯將軍寫信給這位政府部門的將軍，高度評價他所建立起來的嚴明紀律，和他在物質供應方面的深謀遠慮、巧妙的安排，開闢了大量的自由市場，增加了各類商人的信心。這種對細節問題密切注視並且充分掌握的性格特徵一直貫穿於他在印度的生活。

帶著將軍的榮耀回到英國以後，阿瑟．威靈頓爵士很快又得到任用。一八〇八年，一支人數過萬，被派去解放葡萄牙的特殊部隊交由他指揮。部隊登陸以後，打了兩次勝仗，然後簽署了《辛莊條約》。約翰．莫爾爵士死後，對葡萄牙進行新的征伐的指揮大權託付給了他。

但是，在整個伊比利亞半島戰爭中，威靈頓被恐懼壓倒了。從一八〇九～一三年，他所指揮的軍隊人數從未超過三萬人。而這一次他所面對的是在半島上的三十五萬法國軍隊，而且大多數是擁有作戰經驗的老兵，由拿破崙手下幾個最有才能的將軍指揮。敵我力量如此懸殊，如何才能使戰爭獲取一絲獲勝的希望呢？

他的精明和一般常識告訴他，必須採取不同一般的戰略、戰術。他決定從西班牙幾位將軍身上吸取教訓。這幾位將軍一到開闊的平原作戰，就必定被打敗、被驅散。他覺得自己必須創造出從與法軍作戰中獲勝的機會。因此，在一八〇九年達拉維拉戰役之後，他發現自己軍營的四周都是法國的精銳部隊，便撤退到了葡萄牙。這時，他決定實施駐紮政策。他派英國軍官組織了葡萄牙軍隊，教會他們和自己的部隊聯合作戰。與此同時，通過拒絕一切戰鬥的辦法，避免失敗的危險。他推估，他可以因此而挫傷法國軍隊的士氣，因為他們沒有取得任何勝利。待他自己的軍隊反攻時機成熟，敵人士氣低落的時候，他就可以集中全部的力量向他們發動猛攻。

他憑著自己的堅定信念和自力更生，經受了在西班牙的戰爭洗禮，即使在最令人沮喪的時候，他也沒有倒下。他不僅要同拿破崙的老兵作戰，還要控制西班牙的執政團和葡萄牙的攝政團。為軍隊籌措糧食和衣服，讓他歷盡了千辛萬苦。讓人難以置信的是，在達拉維拉戰鬥中，當部隊正與敵人浴血奮戰的時候，那些逃跑了的西班牙人襲擊了英軍的輜重部隊；而且，這群暴徒確確實實將補給品搶了個精光。

威靈頓以一種崇高的耐心和自我克制力忍受了種種煩惱和苦悶。面對各種忘恩負義、叛逆和對抗，他以不屈不撓的精神保持著自己的航向。他對任何事都小心在意、決不疏忽，對商務活動每一項重要的行動指令都親自參加。當他發現部隊所需的糧食不可能從英國獲得而必須依靠自己設法解決時，他立即與在里斯本的英國外交大臣合作，大規模地從事玉米生意。軍糧經理部從地中海地區和南美洲港口運來了穀物。當自己的大小糧倉都已裝得滿滿實實，他把過剩的糧食賣給了嗷嗷待哺的葡萄牙人。

他做事從不存什麼僥倖心理，期待出現什麼奇蹟，但他每每考慮意外情況的發生，以防萬一。他對部隊最小的細節都十分關注，習慣於對那些易於忽視的問題全心投入，如士兵的鞋子、水壺、餅乾和馬飼料。他那卓越非凡的商業才能隨處可以感覺到。毫無疑問，他對意外情況的防範，對每一細節的關注，奠定了他取得偉大勝利的基礎。

威靈頓公爵以他在日常生活中的高明之處打敗了拿破崙的將軍們。憑著這些方法，他使這支臨時募集起來，未受嚴格訓練的軍隊成了歐洲最上乘的軍隊。正如他所說，他的部隊可以去任何地方做任何事。

威靈頓在商務活動中表現出來的另一個性格特徵，是他完全的誠實正直。當索爾特四處搜索搶劫並從西班牙帶走無數價值連城的名畫，而威靈頓決不要別人哪怕一分錢的東西。任何地方，他都公平買賣，即使身在敵國也不例外。當他率領四萬名西班牙士兵經過法國邊界時，這些士兵試圖通過偷盜和搶劫「發財」。威靈頓首先對他們的軍官進行了嚴厲訓斥，然後盡力管束他們，把他們遣送回國。

不可思議的是：即使在法國，那些農民竟然逃避法國軍隊，帶著自己有價值的東西尋求英國軍隊的保護。與此同時，威靈頓寫信給國內的朝政大臣：「我們已負債累累。現在我幾乎不敢出門，因為許多債權人正等著要債。」

朱麗斯．馬熱爾在評價威靈頓的人格時說：「沒有什麼東西比他這種坦白更偉大、更高貴的了。這位在部隊裡服役了30年的老兵，這條堅強剛毅的漢子，這位戰無不勝的將軍，在敵國的土地上建立了如此龐大的軍隊，他卻害怕他的債權人！這是一種征服者和侵略者從來不以為然的害怕，我不知道戰爭史上是否還有比此更崇高的純樸。」

但是，對威靈頓本人來說，他很可能會否認這種行為的動機是偉大或高尚的，他決不會把商務活動中按時償還債務這種行為當作最高、最大的榮耀。

5·誠實是最好的商業策略

「誠實是最好的商業策略。」這句古諺語的真理性已為日常生活經驗所證實。誠實和正直對於商業和其它任何行業的成功來說，都是必不可少的。正如休·米勒精明能幹的叔叔對他所說的：「在你和鄰居做生意時，你的量筒要『裝滿，堆起來，溢出來。』最後你不會吃虧的。」

一個很有名的啤酒釀造商，他把自己的成功歸因於他賣啤酒時的慷慨大方。他走到裝啤酒的大缸前，舀出一點，品嘗一下。他總是說：「兄弟們，日子還是不很富裕，每人再喝一碗啤酒。」這個釀酒商豪爽的性格和他的啤酒在英國、印度及其它殖民地都聲名遠揚。這就為他的發財致富奠定了基礎。

誠實的言行是所有商業交易的基石。誠實之於貿易商、製造商，恰如榮耀之於戰士和仁愛之於基督徒。在從事最卑賤的職業之人身上，我們也時時能看到誠實正直的品格。休·米勒曾經談到收他做學徒的那位石匠：他「把自己的良心放進自己所砌的每一塊石頭之中。」所以，一個真正的商人應該以自己工作的完整和牢靠為榮耀，一個精神高尚的商人應該以誠實履行合同的每一條款而自豪。一個誠實正直的製造商，從他製造產品的天才能力中，從他在買賣過程的誠實中，以及他所生產出來的產品的質量中，他不僅會獲得榮譽和榮耀，而且會獲得實實在在的成功。

杜賓男爵談到英國人總體的誠實時，堅信這是他們成功的根本原因。他說：「憑藉欺詐、奇蹟和暴力，我們可以獲得一時的成功。惟有憑藉誠實和正直，我們才能獲得永久性的成功。英國人使得他們的產品和民族個性保持優勢的，不僅僅在於貿易商及製造商的勇氣、智力和能動性，更在於他們的智慧、節儉和最重要的誠實品質。一旦他們失去這些美德，我們可以肯定地說，對英國，和對於其它任何國家一樣，他們就會開始墮落，每一條海岸就會從現在還覆蓋著自世界各地交換來的財寶的海面上消失。」

我們必須承認，商業貿易對人的個性的考驗比其它任何職業都更嚴格。它嚴格地考驗一個人能否誠實、自我控制、公正和坦誠。一個經受了這種考驗而不被玷污的商人和一個經受了血與火的洗禮，證實了其勇敢的戰士，同樣光榮、偉大。從事商業貿易各個部門之工作的許多人都獲得了這種光榮。他們從整體上經受住了這些考驗。

如果我們花一點點時間仔細想一下：每天都有大量金錢被託付給屬下，這些人可能勉勉強強勝任這項工作——錢不斷經過店員、代理人、經紀人和銀行職員的手——在整個過程中都充滿金錢的誘惑，但極少有人背信棄義。我們不得不承認：日常生活中持續的誠實行為是人性最大的光榮。即使沒有金錢的誘惑，我們同樣可以為此感到自豪。

商人彼此之間的信任與信託，和信用制度所隱含的信任與信託一樣，都是以這種榮譽原則為基礎。如果在商業貿易中沒有日常實踐的這種榮譽原則，那麼，這種信任和信託就只會令人吃驚，難以接受。

查默斯博士說得好：商人總是習慣於信任遠方的代理人，哪怕是遠在天涯海角。這種信任使他們常常把巨大的資產託付給個人。這些代理人可能是從未謀面的，僅僅以個人的人格為擔保。商人的這種信任可說是最好的征服，它能使另一個人為他效忠盡力。

儘管在一般人之中，誠實仍然處於上升的趨勢，而且英國的一般商業集團仍然從內心裡堅持這一信念，把他們誠實的性格融入各自的工作之中，不幸的是，正如以往，那些肆無忌憚、投機鑽營、極度自私和利欲熏心的人明目張膽地做出了種種不誠實和欺詐的事情。這中間有摻假的商人、不信守合同的無賴；更有一些可惡的製造商，他們以次充好，粗製濫造：以回紡絨線冒充羊毛，以「梳棉」冒充棉花，以鐵製工具冒充鋼質工具，製造出來的縫紉針沒有針眼，剃鬚刀僅僅是「造來賣的」，還有各種各樣的假冒紡織品。但是，我們也必須看到，這種靈魂骯髒、卑鄙，生性貪婪的人畢竟是少數。雖然他們可以發財，卻不能得到享受；他們既不能獲得誠實的品格，也不能得到心靈的寧靜。而失去這些，財富也就變得毫無價值。

拉蒂姆主教在談到一個刀具商賣給他一把不值一便士的小刀卻勒索他二便士時說：「這個無賴騙走的不是我的錢，而是他自己的良心。」雖然對別人的欺騙可能不會被「揭穿」，騙得的財物也可能得以保留，但這些財物只是一種禍害，而不是福祉。

小心謹慎、誠實正直的人發財致富的速度可能不如那些不擇手段、弄虛作假的人來得快。但是，他們的成功是一種真正的成功，因為他們沒有運用詐騙和不正當的手段。一個人一時間或許不能獲得成功，他仍必須誠實。失去全部的財產，也要挽回人格的尊嚴，因為人格本身就是財富的源泉。

大名鼎鼎的大衛・巴克利是一個精神高尚之商人的光輝典範。他是羅伯特・巴克利的孫子，也是暢銷書《向貴格會教徒道歉》的作者。他有著誠實正直的商業習慣，以在商務活動中的公正、坦誠和誠實而聞名遐邇。

很長的一段時間，他是倫敦切普賽德街一棟寬大房子的老闆，主要從事與美洲的貿易。但是，和格蘭威爾・夏普一樣，他也強烈反對英國對美洲殖民地的戰爭。為此，他也完全退出了商界。

身為一個商人，他的才能、知識、正直和影響與他後來的愛國心及慷慨的慈善行為一樣，堪稱卓越非凡。他是誠實和正直的一面鏡子。身為一位虔誠的基督徒和一位真正的紳士，他信守自己的諾言就像履行條約一樣，從不含糊。他崇高的聲望和高尚的品德使得當時的朝政大臣時時都跑來傾聽他的意見。

在眾議院就美洲問題的爭論進行審查之前，他清楚明白地表達了自己的觀點，並且進行了強有力的論證。羅斯爵士公開承認，他從大衛・巴克利身上得到的信息比從所有其他人身上得到的還要多。

退出商界之後，巴克利並沒有坐享榮華富貴，過安逸的生活，而是從事了一項造福於他人的新工作。因為資產巨大，他感覺到自己有義務為社會樹立一個良好的榜樣。

他在沃爾森斯托住宅區附近建了一家工廠，幾年之中，投入大量資金，終於使它成為當地貧民養家糊口的生活來源。他繼承了一位親戚在牙買加的房地產，得到的奴隸價值約一萬英鎊。他決定立即給還他們自由。他派一位代理人雇了一條船，把這群奴隸送到美國的一個自由的州，讓他們在那裡自給自足，安居樂業。有人認為黑人太愚昧無知、野蠻殘酷，不配享有自由，巴克利先生用事實證明這種見解的荒謬無恥。

在處理自己苦心經營所積累起來的財富方面，他自己做了自己遺囑的執行人。他不想死後留下大量的遺產給自己的親屬和朋友，而要在自己的有生之年給予那些窮苦的人慷慨大方的幫助。

他走訪調查，援助各個行業的人。他在大都市資助了許多工廠，不僅為這些工廠奠定了雄厚的物質基礎，還把其中一些辦成了倫敦市生意最紅火、規模最龐大的工廠。

大衛·巴克利是英國誠實正直的商人典範，也是永遠值得商人學習的楷模。

第四章

正確支配金錢需要很高的智慧

I・自我克制是最大的美德

瞭解一個人如何使用錢，包括賺錢、存錢和花錢，或許是檢測他的才智高低的最好方法之一。雖然絕不能將金錢當成一個人生活的主要目的，然而，它也不是無關痛癢的東西，不能從觀念上加以蔑視。

在實際生活中，很大程度上，金錢是獲得感官快樂和社會地位的手段。事實上，人性中一些最優秀的品質與正確地使用金錢密切相關。例如：慷慨、誠實、公平和自我犧牲精神，更不用說節儉的美德。另一方面，是它們的對立面，如貪婪、欺詐、不公平和自私，就像一個愛財如命的人所表現出來的一樣。一部分人濫用和誤用了金錢這種手段，產生了浪費、鋪張、揮霍、奢侈等罪惡。

在世俗環境裡，舒適是每個人都可以通過各種有效的途徑努力追求的一種狀況。它使人的肉體需要得到滿足，而這種需要對於人性更完美的發展來說，是必不可少的。它也使每個人能為自己的家人的發展提供物質條件。如果沒有這些物質條件，那麼，正如《聖經》中的信徒所說，這個人會「比一個不信教的人更壞。」對於我們個人來說，這種義務和職責是義不容辭的，不可漠不關心。人們對我們的尊敬完全取決於我們抓住機遇，取得輝煌的成就，從而為他們提供更好的物質生活條件。

在現實生活中，實現這種目標，所要求做出的努力就在於教育本身。教育會激起一個人的自尊感，使他產生精明能幹的品質，並培養出耐心、堅韌和諸如此類的美德。這個精明能幹、小心謹慎的人還必須是個辦事考慮周全的人，他不僅僅要考慮當下眼前的生活，而且要有先見之明，為將來做出安排。同時，他還必須是個有節制的人，培養自我克制的美德，而不應該絲毫不考慮個人品格的力量。

約翰．斯特林指出：「教師本人自我克制的最壞教育也強於他自以為是而不知節制的最好教育。」

羅馬人恰好也用了同一個詞「美德」命名勇氣。勇氣存在於一個人的肉體感官之中而美德存在於一個人的精神靈魂之中。最崇高的美德就在於克制自己。

因此，自我克制——即為了將來的利益，暫時犧牲當下的享樂——是最後要學習的一課。這些最難上的課程自然是期望人們發揮他們所賺的錢的最大價值。

然而，很多人習慣於把他們所賺的錢用於眼前的吃喝，直至揮霍殆盡。其結果是使他們在很大程度上陷入被動，最終只能苟且偷生。在我們周圍，有很多這樣的人，平日任性恣意，揮霍無度，貪圖享樂，一旦時勢艱難，就會發現自己囊中所剩無幾，生活難以為繼。這也是社會上某些人無依無靠、窮困潦倒和生活悲慘的一個重要原因。

有一次，倫敦市長約翰·拉塞爾接見一個代表團，代表們談到了國家向工人階級徵收賦稅的問題。當這位高貴的市長先生終於有機會發言時，他說：「你們完全可以相信政府對工人階級徵收的賦稅絕對不敢超過他們在酗酒方面的花銷。」

所有社會問題中最重要的一個問題就是失業問題。所以，必須承認：即使「自我克制和自助自救」，也不能避免窮苦的人民聚集在地方政府周圍尋求援助。

現在，由於個人經濟狀況和命運好壞的原因，愛國主義成了只有真正獨立的產業階級才能有條件付諸實施的美德，而不再被認為是具有普遍性的東西。這種現象很令人憂慮。

薩繆爾·第歐，這位頗有哲學素養的製鞋商說：「平日的精打細算、省吃儉用和統籌兼顧是讓你在困難時期平安無事的最好方法，它在幫你度過生活的險灘暗礁中，比任何國會通過的改革方案更富有成效。」

蘇格拉底說：「誰想轉動世界，必須首先轉動他自己。」

一則諺語中也寫道：「誰要是注重自身的變革，他就有可能變革世界。」

確實，人們頗有同感，對教堂和國家的改革，比改變我們自身的壞習慣容易得多。改變遺風陋俗這類事情，它的普遍實施，比起從我們自身開始，不如從我們的鄰居開始。因為這樣通常比較容易接受，比較符合我們的胃口。

2．節儉不等同於吝嗇

對於那些今朝有酒今朝醉、現賺現花、過一天算一天的人來說，任何教育都是低劣的，他們不可避免地處於軟弱無能、無依無靠的狀態之中，生活於社會的下層，受時間和季節的玩弄。他們沒有自尊，也不可能贏得別人的尊重。在商業危機中，這些人更是四處碰壁。平時不知節儉，不知積蓄，即使他們受到別人的憐憫、同情，別人給予的畢竟太少；即使他們心態良好，想到將來妻子兒女可能遭到的命運，也會讓他們感到不寒而慄，時時處於恐懼之中。

科布登先生曾對海德爾斯菲爾德的工人說：「這個世界通常被分為兩個階層——有些人注重積累，有的拼命消費——這就有了節儉階層和揮霍階層。所有的房屋、廠房、橋梁和輪船的修建，其它有利於人類文明和人類幸福的輝煌業績的完成，都是那些注重積累的人，即節儉階層的功勞。而那些揮霍完自己資產的人，一般也就成了節儉階層的奴隸。這是自然規律，也是理所當然的節儉規律。如果我在這裡說：任何階層如果不精打細算、不周全考慮、懶散墮落，他們也能改善自己的生活……那麼，我就是地地道道的騙子。」

一八四七年，布萊特先生在羅徹德爾工人集會上的一次簡短的演說，表達了同樣的思想和信念：「就誠實的品質而言，在所有階級中都可以找到，且誰也不比誰遜色。」接著，他指出：「對於任何人，或者說人類的任何成員，如果他想保住目前較為優裕的生活條件，或者想改變他目前較為糟糕的生活處境，惟一確實可行的辦法是培養自己勤勞、節儉、克制和誠實的美德。人們想改變自己令人不滿意的困難處境，即使考慮他們精神和肉體的狀況，也決沒有任何捷徑可走，而只能實踐這些美德。人們會發現，自己周圍的很多人正是通過這種方法，不斷改善自己的生活狀況，使自己得到發展。」

一般工人不是有所作為、享有盛譽、受人尊敬和生活快樂的人，這沒有什麼道理可講。整個工人階級（極少數人除外）應該節儉、有德行、見識廣博和健康狀況良好，就像他們當中的某些人一樣。既然他們當中某部分的人可以做到，其他人也應該可以不費力氣地做到。運用同樣的方法，就會產生同樣的結果。

應該有這樣一個階級，他們在每一個國家都靠自己的日常勞動生活。這是上帝的安排。毫無疑問，這種安排是明智和合理的。但是，這個階級應該是節儉、滿足、理智和幸福的，而不是相反。現實中，這個階級的狀況不是上帝所設計，而是從他自身的軟弱、自我放縱和剛愎自用中噴湧出來。從勞動群眾中產生的健康的自助自救精神，比其它手段更為有效地使他們上升為一個階級。並且，這種上升，不是通過壓低別人來實現，而是通過把他們的宗教、理性和品德提高到同一水準來實現。蒙田指出：「如同對聲名顯赫的人適用一樣，道德哲學對於普通個人的生活也適用。每一個人在他自己身上反映著人類整體的狀況。」

一個人如果展望未來，他會發現，等待他的主要有三種世俗的可能性：失業、疾病和死亡。前兩者，他或許還可以逃避，但最後一個卻是在劫難逃。不過，無論哪一種可能性發生，他都應該把生活的壓力減輕到盡可能小的程度。這樣生活和這樣安排是一個精明人的職責，它不僅是為了自己，而且是為了那些把安逸和生存都依附於自己的人。

若是這樣看問題，誠實地掙錢和節儉地使用就極為重要。正當地賺錢，是吃苦耐勞、努力不懈、不受誘惑和得到回報之希望的表現；而合理地使用，是精明能幹、富有遠見和自我克制的體現。這一切都是剛毅果敢之性格真正的基礎。雖然金錢可以代表一大堆毫無價值和實際用途的物品，但是，也可以代表許多具有很大之價值的東西；它不僅是食物、衣服和感官的滿足，而且可以是個人的自尊和獨立。

因此，對於工人來說，儲蓄是抵禦欲望的防護柵，是他提升地位的保證，能使他在快樂和希望中等待更美好的一天。在這世界上，努力去獲得一個較為牢固的地位，其中包含了人的尊嚴，它使得一個人更為強壯，生活得更為美好。從長遠來說，它賦予他更大的行動自由，使他保有更多的力量，以留待將來的努力。

但是，如果一個人總是在欲望的世界裡徘徊，那他離奴隸狀況也就只有一步之遙了。他絕不是自己的主人，而是時時處於淪為別人的奴隸的危險之中，只能接受別人開出的各種條件。他免不了會有些奴顏婢膝，因為他不敢勇敢地面對現實。

為了獲得獨立，生活簡樸、節儉是必不可少的條件。節儉既不需要超人的勇氣，也不需要卓越的美德，只需要一般的力量和普通人的能力。實際上，節儉只不過是秩序原則在家庭事務管理中的運用，它意味著統籌安排、合乎規則、精打細算和避免浪費。主耶穌也表達了這種節儉原則。他要求：「把剩下的零碎收拾起來，免得有糟蹋的。」全能的主也不藐視生活中那些微末的東西。即使在向眾人展示無邊的法力時，他也意味深長地教導他們要小心謹慎，做到物盡其用。

節儉也意味著為了使將來的利益得到保障，必須抵禦眼前滿足誘惑的能力。這也是人超越於動物本能的高貴之處。節儉完全不同於吝嗇，因為正是由於節儉，才能使一個人能夠時時表現得慷慨大方。它不能把金錢當成崇拜的偶像，而只是把它當作一個有用之物。正如迪安·斯威夫特所說：「我們腦子裡必須具有金錢概念。但是，不能一心想的都是金錢。」我們可以稱節儉為精明的女兒、克制的姊妹和自由的母親。顯而易見，節儉就是適度——適度的性格特徵、適度的家庭幸福和社會安定。概而言之，節儉是自助的最佳展現。

弗蘭西斯·霍拉的父親在他即將踏入社會之際，對他提出忠告：「我衷心希望你事事開心如意，但我不得不三番五次地勸導你要節儉。節儉對任何人來說，都是一項必不可少的德行。然而，淺薄的人可能會輕視它。其實，節儉是通向獨立的大道，而獨立則是每個精神高尚的人所追求的崇高目標。」我們在這一章開頭摘引了彭斯的詩，那詩中蘊涵著很深的哲理。不幸的是，他只有高談闊論而缺乏實際行動，是思想的巨人，行動的矮子。當他臥病床榻，奄奄一息之際，他給一位朋友寫了幾句話：「哎呀！克拉克，我感到處境糟透了！彭斯可憐的寡婦，還有他那些無依無靠的孤兒們。我已非常虛弱！這已夠了——這是我的一塊心病。」

每個人都應該量入為出，按照自己的收入過日子。要做到這一點，最重要的是誠實。因為如果一個人不是誠實地按照他自己的收入過日子，那他必定是虛偽地按照其他人的收入過日子。如果一個人對自己的消費缺乏長遠的考慮，並且只顧自己享樂，絲毫不為別人的利益著想，那麼，等他發現金錢的真正用途，已經太遲了。

這些揮霍浪費的人雖然天性大方，最後還是不得不被迫去做一些骯髒醜惡的事情。他們貪圖一時的安逸享樂，花天酒地，揮霍無度；他們不得不提前去支取存款，領取工資，拆東牆補西牆，寅吃卯糧，結果必然是債臺高築，不得翻身，嚴重影響自己的行動自由和人格獨立。

培根勳爵有一句名言：「與其去賺些小錢，不如去存些小錢。」

許多人不屑一顧，隨手扔掉的零錢和其它一些不當一回事的支出，往往是人生中財富和獨立人格的基礎。這些浪費者往往屬於這個世界中權利受到分割的階層。其實，他們是自己最大的敵人。

如果一個人跟自己過不去，不能成為自己的朋友，他還怎能指望別人成為自己的朋友呢？一個生活節制、適度的人，他的口袋裡才會有錢去幫助別人；而一個鋪張浪費、缺乏遠見和揮霍一空的人，他從來就不會有機會去幫助別人。當然，節儉絕不是做一個一毛不拔的鐵公雞，一個可憐的守財奴。

在生活和交往中心胸狹窄，斤斤計較，這是極端短視的，一般也只會導致失敗。有一則諺語說：「只有一分錢的胸懷，決不可能得到兩分錢的收穫。」慷慨大方、氣量寬宏，和誠實守信一樣，是生活和人際交往中最重要的原則。

3・避免負債

有一則格言說：「一隻空袋子是立不起來的。」同樣，一個負債累累的人也不可能獨立。要一個債臺高築的人說出真話，恐怕比登天還難。因此，人們說，謊言是騎在債務背上的幽靈。負債者不得不向債主編造口實，以拖延債務償還的時間。這就使得他極盡撒謊之能事。

對一個人來說，找一個正當的理由逃避第一次債務，這是輕而易舉的事。但是。這種逃避債務的技巧對於逃避第二次債務，往往是巨大的誘惑。不用多久，這位負債者就會在債務的泥潭中越陷越深，難以自拔，不管他怎樣勤勉努力也無濟於事。走向負債的第一步就是走向虛妄的第一步。在這個過程中必然發生的事是債務接二連三，接踵而來，如同謊言的編造般源源不斷。

畫家海頓從他向別人借錢的第一天起，就意識到了這種墮落。他認識到「誰陷入負債，誰就陷入悲哀」這則諺語的真理性。他的日記裡有這樣一段耐人尋味的記載：「現在我開始負債。這是從未有過的事。或許，只要我活著，我就再也休想擺脫它們了。」他那催人淚下的自傳痛苦地回憶了在金錢問題上的尷尬與難堪，以及由此帶來的極度的精神沮喪、工作能力的完全喪失和時時重現的羞辱。

一位少年加入海軍時，他曾給予這樣一段書面忠告：「對於任何你不通過向別人借債就不能獲得的享樂，決不要去享受。決不要向別人借錢！它會使人墮落。不過，我沒有說你不要借錢給別人。只是，要注意：如果你連本錢都無法收回，那就千萬不要借出去。切記：在任何情況下，都不要向別人借錢。」

一位名叫費希特的窮學生，就拒絕了比他更窮的父母親提供的借款。

約翰遜堅信：過早負債，會使人墮落以至毀滅。他關於這方面的論述是極有見地的，值得我們牢記在心。他說：「不要想當然地只把債務當作一種麻煩。你會發現它是一場滅頂之災。貧窮不僅剝奪一個人樂善好施的權利，而且在他面對本可以通過各種德行避免的肉體和精神的邪惡誘惑時，會變得無力抵抗。這是你首先要小心在意的。其次，不要向任何人借債。下定決心擺脫貧困。無論你擁有什麼，消費的時候都不能傾你所有。貧窮是人類幸福的一大敵人。它毫無疑問會破壞自由，並使一些美德難以實現，使另一些美德成為空談。節儉不僅是太平安逸的基礎，而且是一切善行的基礎。一個本身都需要幫助的人，決不可能幫助別人。我們必須先自足，然後才能出讓。」

正視自己的日常事務，並且在錢財方面量入為出，斟酌考慮，這是每一個人義不容辭的職責。這種對收入和支出的簡單的算術運算有著極大的價值。精明、節儉要求我們在安排自己的生活水準時，必須低於自己的收入水平，而不能高於這一水平。要做到這一點，必須根據「收支平衡」的原則，擬訂並忠實地執行一項生活計畫。約翰．洛克曾經指出：「要使一個人克制自己的欲望，不至於入不敷出，他必須時時留心自己的日常事務，定期進行收支結算。」

威靈頓公爵對他的所有收支都會設立一個精確而詳細的賬目。他對格雷格先生說：「我非常重視自己的結算賬目，並且，我也建議任何人都這樣做。以前我總是讓一位自己信得過的心腹去做這件事。有一天早晨，我收到幾張催討一兩年來的債務的賬單。這讓我非常驚訝。從此，我改正了這一愚蠢的舉動。這名心腹竟然沒有去結清我的賬款，而是拿了我的錢去投機。」

談到債務問題，他的意見是：「債務會使人受到奴役。我知道沒有錢用是什麼樣的滋味，但我決不讓自己陷入債務之中。」對收支賬目詳細記載，在這一點上，華盛頓和威靈頓的做法可謂如出一轍。並且，華盛頓對家人的花銷從不馬虎，總是細細審查，以保證生活水準不超出自己的收入水平。即使在他身居要位，當了美國總統的時候，也是如此。

海軍上將傑維斯．聖．文森特伯爵曾經談及他早年的奮鬥以及在這過程中他不肯借債的故事：「我們家庭人口很多，但父親收入菲薄。在我開始自己人生的道路時，父親給了我20英鎊。這是他給我的全部財富。在海軍基地過了一段相當優裕的日子以後，我向父親又開具了一張20英鎊的匯票。但是，匯票被退了回來，遭到拒付。我對父親給我的這種懲誡感到無比恥辱，發下誓言：如果我沒有十足的把握償清債款，決不再開具一張借款單據。我完全做到了這一點。當時，我迅即改變了生活方式，擺脫了困境。我獨自生活，充分利用部隊發放的津貼。我發覺，靠這些津貼，也可以過得很寬裕。衣裳髒了，我自己漿洗；破了，我自己縫補。我還利用床上的被套料作了一條褲子。對這些津貼收入，我也盡可能節省，以挽回我的名譽。有了一定的積蓄以後，我開始承兌匯票。從那時至今，我都是小心翼翼地按照我的收入水平過日子。」

整整六年，傑維斯忍受了物質匱乏帶來的各種困難，但是，他保住了自己做人的骨氣，履行了自己的諾言。正是憑藉這種良好的品質和勇敢堅毅的性格力量，他最終成為一位叱吒風雲的將軍。

休姆先生有一次在眾議院的發言，雖然引得人們哄堂大笑，但他中肯地指出英國人的生活調子唱得太高。中產階級的生活水平大大超過他們的收入水平，他們卻怡然自得。如果我們聽之任之，這種「風尚」日後必會對整個社會產生極為不良的影響。

我們望子成龍、望女成鳳。可是，他們往往都只能成為狗熊。他們都只追求華麗的衣飾、趕時髦，沈溺於聲色犬馬。這些東西決不會為一個人的果敢堅毅和紳士風度打下牢固的基礎。其結果必然是：我們為世界培養了一大批華而不實、俗不可耐的年輕劣紳。他們使我們想起一艘被人遺棄的船體，上面只有猴子，時時在海上接運乘客。

這樣的人夢想成為有教養的紳士，是一種多麼可怕的野心啊！外表裝出紳士派頭，可那是以犧牲誠實為代價的。儘管他們可能並不富有，卻似乎腰纏萬貫。他們似乎是「受人尊敬的」，其實只有從最卑鄙的意義上，即從庸俗的外表上才是如此。他們沒有勇氣按照上帝所要求我們的方式生活，而是按照他們自己所要求的荒謬可笑的時髦方式生活，生活在一種虛榮的滿足感和不切實際的紳士世界之中。

在社會這個競技場，上層人物時時感到鬥爭的殘酷和生活的壓力。這中間，所有高貴的自我克制的品質都受到蹂躪、踐踏，許多美好的天性都慘遭扼殺。什麼鋪張浪費，什麼悲慘的處境和破產倒閉，都來源於那種想向人炫耀的虛榮心，而這些顯見的世俗的成功本來是不需要我們大張旗鼓去展示的。

在社會財富的等級地位方面的欺詐行為所造成的極為嚴重的後果，已經由那些敢於表現不誠實而不敢於顯示貧窮的人以各種各樣的方式展現出來。在財富上孤注一擲，不顧死活地炫耀，就那些被捲入並受到殃及的無數無辜的家庭而言，他們並不對失敗的破產者表現出憐憫、同情。

最近，查爾斯．納皮爾勳爵從印度離職之前，做了一件勇敢而且正直的事情。他印發了《衛兵守則》，對在印度軍隊中服役的年輕軍官的放蕩生活，以及由此給他們帶來的可恥的債務，表達了強烈的譴責。

在這本《衛兵守則》中，納皮爾勳爵強調指出：「誠實與一個有教養的紳士的性格須臾不可分。」這一點往往容易被人淡忘。而且，「喝了香檳和啤酒不給錢，騎了馬不給錢，這就是一個騙子，而不是一個紳士。」那些生活水準超過自身收入的人，以及那些常常聽從應召女郎召喚、在求歡之前簽訂債務合同因而生活糜爛的人，從他們的職務上看，可以稱得上是一個軍官，但他們絕不是紳士。

納皮爾將軍認為，那種時時陷入債務的習慣，使人對一個紳士應具有的感覺變得麻木、遲鈍。一名軍官僅僅具備打仗的本領是很不夠的，這種本領連一條惡狗也都具備。他堅持認為，是否信守自己神聖的諾言，是否償還債務，只有在這些重要的榮耀中，一個真正的紳士和士兵的形象才能熠熠生輝。

因為貝阿德是老練的，所以查爾斯．納皮爾要讓所有英國軍官也都如此。他知道他們是「無所畏懼」的。但是，他也要讓他們「沒有恥辱」。

然而，不管是在印度還是在國內，都有許多勇敢的年輕士兵，他們能夠在緊急情況下，在濃煙烈火中登上敵人的城堡，能夠在艱難困苦中表現出自己的英雄氣概，但他們缺少必備的道德勇氣去抵禦那些來自肉體感官的誘惑。他們不能對感官快樂的誘惑和自己的欲望勇敢地說「不」或者「我負擔不起」。而且他們寧願勇敢地去死，也不願去嘲笑自己的同伴。

4・自己拯救自己

一個年輕人，在他的人生道路中，他必須通過排列在道路兩邊的一系列誘惑物。對這些誘惑的任何屈服所帶來的不可避免的影響，就是或大或小，不同程度的墮落。與此相聯繫，神所賦予他的天性就會在一定程度上發生扭曲。而他擺脫這些誘惑的惟一有效的方式，就是勇敢地堅決用語言或行動表明：「不！」

他必須立即做出決斷，而不能等待著考慮和權衡理由。因為年輕人就像「思考問題的女人一樣，總是陷入困惑。」許多喜歡深思熟慮的人總是拿不定主意。

但是，「不能做決定，本身就是一種決定。」一個人可能向全知全能者禱告：「主啊！請引導我們不受誘惑。」但是，誘惑會考驗年輕人的意志力。並且，只要你某一次屈服了，這種抵禦之力就會變得越來越微弱。

勇敢地去抵禦，第一次果斷的決定會給生命帶來力量；有了幾次的重複抵禦，它也就成了習慣。真正的抵禦力在於人早年形成之習慣的外化。因為習慣都是人們明智地規定的。精神這部機器發生作用主要是通過習慣這個媒介進行，目的就在於減少道德內在的偉大原則的磨損。那些能使人們巧妙地千百次不加思考地行動的良好習慣，確實是人的道德準則的重要組成部分。

休．米勒曾經談起，在他年輕的時候，生活非常艱苦，但他通過自己的意志力量，擺脫了一次強烈的誘惑，從而拯救了自己。

當時他是個石匠，他和那些同事偶爾會去喝喝酒。這是極為尋常的事。有一天，他喝了兩杯威士忌。當他回到家裡，打開他愛不釋手的《培根散文集》，他發現書上的字在眼前搖來晃去。他已經有些不由自主。他說：「我把自己帶入墮落的境地……我喝得酩酊大醉。這是極不理智的！我不應該這樣毀滅自己。雖然在那時下決心不喝酒是犧牲了肉體感官的快樂，但是，我決定不再犧牲自己的理智去遷就感官。在神的幫助下，我的決心成功了。」

正是像這樣的決心構成了一個人一生中的重大轉動點，並且為一個人未來之性格的形成奠定了基礎。如果休．米勒不是及時地以其道德力量擺脫了這種誘惑，他或許已慘遭毀滅了。對於這種生活中的暗礁，每一個青少年都需要時時保持高度的警惕。

和鋪張浪費一樣，誘惑也是青少年成長過程中最危險和致命的敵人。瓦爾特．

司各特爵士常常說：「在所有的邪惡中，酗酒與偉大是最為勢不兩立和不共戴天的仇敵。」不僅如此，它也與節儉、正派、健康和誠實的生活格格不入。如果一個年輕人不能克制自己，他必須戒酒。約翰遜博士的事例就是千百萬這種事例中的一個。在談及自己的習慣時，他說：「我不能節制自己。但是，我把它戒除了。」

為了卓有成效地擺脫壞習慣的糾纏，我們不僅要小心謹慎地與之鬥爭——這種方法的確有用，還必須達到一個更高的道德境界。機械的方法，如立下誓言，對戒除壞習慣會有所幫助。但是，更重要的是確立高尚的立身行事的準則，並且努力去強化和純化這些準則，以戒除惡習。

為此，一個年輕人必須嚴於解剖自己，把自己實際中的一言一行與自己的行為準則加以對照。一個人對自己瞭解越多，他會越感到自卑，對自己的自信心越不足。但是，你會發現，這種做法對於抵制當下滿足的誘惑，保護你將來成為一個偉大而高尚的人大有裨益。這是提高自我素質的最高尚的工作。因為：「真正的榮耀，源於自己對自己的征服。否則，征服者就是先前那個奴隸。」

為了向人們公開怎樣賺錢這一偉大的祕密，許多流行書刊已經出版發行。但是，賺錢沒有任何祕密可言。每一個民族大量的諺語都證實了這一點。如：「積少成多，集腋成裘。」「勤奮乃好運之母。」「沒有耕種，沒有收穫。」「沒有汗水，就沒有結晶。」「天道酬勤。」「世界屬於那些勤勞和堅韌的人。」「貪吃貪睡，必然債臺高築。」

這些飽含哲理的諺語是代代相傳的知識寶庫，揭示了發財致富的最佳方法。還在書本出現之前，這些諺語就在人們之間口耳相傳。而且，和其它一些廣為流傳的諺語一樣，它們是最早的道德準則。它們經歷了時間的檢驗，並且，人們的日常經驗還在證實它們的正確、力量和真理性。

關於意志的力量和對金錢的妙用與濫用，所羅門的格言充滿了睿智：「工作中偷懶的人和生活中鋪張浪費的人是孿生兄弟。」

「去看螞蟻的人是懶漢；思考螞蟻之工作精神的人是智者。」這位講道者說：懶惰的人必然貧困，「像雲遊者那樣貧困，像武士那樣赤手空拳。」而勤勞和正直的人用「勤勞的雙手創造財富。」「酗酒者和饕餮者往往食不果腹，瞌睡蟲難免衣不蔽體。」「誰對本職工作兢兢業業，誰就富甲天下。」但最重要的是：「智慧比黃金更可貴，比珠寶更無價，它的價值無可比擬。」

勤奮和節儉可使一個智力一般的人憑藉自己的收入，獲得相當的獨立性。即使是工薪階層的人，只要他對自己的收入合理使用，精打細算，不做無意義的花銷，他也能做到這一點。一分錢雖然微不足道，然而，無數家庭的幸福正是建立在對每一分錢的合理使用和節省的基礎之上。

如果一個人不珍惜每一分錢而讓他的辛勤勞動所得隨意從指縫裡流走——送給了啤酒屋，或是以種種方式花費掉，那麼，他會發現自己的生活與一般動物並沒有多少區別。相反，如果他不隨便亂花一分錢——部分錢用於社會福利事業或投資保險基金，部分錢存入銀行，其餘的全交給妻子去統籌安排，用於家庭日常生活開支和家庭成員的教育費用，那麼，不久他就會發現這種對每一分錢的注重會給予他豐厚的回報，個人收入在不斷增加，家庭生活越來越紅火，對將來，心裡也沒有什麼擔憂。如果一個從事實際工作的人志向遠大並且擁有超乎常人的精神財富，那麼，他不僅自己會從中得益，其他人也會在他的生活道路中受益匪淺。這種事並不是不可能，即使一個在車間勞動的普通工人也能做到。在曼徹斯特鑄造車間工作的托馬斯·賴特就是一個典型之例，他通過自己的努力，對許多罪犯進行了成功的改造。

使托馬斯·賴特的注意力轉向對罪犯進行改造的契機是：他偶然遇上了讓釋放後的罪犯悔過自新，做一個誠實勤勞之人的難題。此後不久，他開始全神貫注於這一問題，並決定把醫治這一社會問題作為自己的人生目標。儘管他每天從早上六點到晚上六點都得在工廠上班，但他還是利用自己的空閒時間——主要是星期天——去從事對犯罪分子的教育改造。在當時，這些罪犯可說是一幫被社會所遺忘的人。

賴特每天從事這一工作的時間雖然有限，成效卻十分顯著。令人難以置信的是，這位從事工廠勞動的人在十年時間裡，通過自己堅持不懈的努力，把三百多名重罪犯從罪惡的深淵裡拯救出來，開始重新做人。他被尊為曼徹斯特中央刑法院的道德醫生。卓別林等人都失敗的地方，托馬斯．賴特卻成功了。許多少年經過改造，回到了父母身邊；許多罪犯經過改造，回到了自己的家中——確確實實都已浪子回頭，改過自新，一個個成為誠實和勤勞的人。

這項工作的完成決非易事，它需要時間、金錢、精力、節儉。尤為可貴的是，賴特用自己在鑄造廠勞動所得的微薄收入救濟了許多被逐出家門的人。每年他用於這方面的費用達一百英鎊。對於一個鑄造工來說，這絕不是一個小數目。儘管如此，他在給罪犯提供物質援助，博得他們好感的同時，還通過省吃儉用，合理地安排，維持了家庭正常的日常生活所需，為自己的老年生活積蓄了部分錢財。每一周，他都經過深思熟慮後，將工資進行分配，多少用於必不可少的衣食住行，多少用於交房租，多少用於學校捐贈，多少用於救濟窮苦的貧民，這一系列分配都必須嚴格執行。

正是通過這種方法，這位地位低微的工人實現了自己的偉大目標。的確，他的經歷給我們提供了一個光輝的典範，向我們展示了一個人內在目標的力量，展示了微薄收入經過深思熟慮和小心周到的運用而創造的奇蹟，展示了一個充滿活力和誠實正直的人的性格力量對他人的生活和行為所產生的巨大影響。

無論從事哪一行業，只要工作正當，不管是耕種土地、製造工具、紡織棉紗還是站櫃臺營業，都不會使人有失身價和蒙受恥辱，相反，只會給人以榮耀。

一個年輕人可能會經營木尺或量度絲繩，他從事這一職業並不會使他丟臉，除非他的心胸超不出這把尺子或這根絲繩的範圍，像其中一個那樣心胸狹窄，像另一個那樣見識短淺。福勒曾經說：「不是那些有正當工作的人應該感到臉紅，而是那些沒有合法職業的人應該感到害臊。」大主教海爾也說：「無論是從事體力勞動還是腦力勞動，所有職業的命運都是美好的。」

那些從卑賤的職業走入上層社會的人與其說應該感到害羞，不如說應該為自己所克服的困難備感自豪。一位美國總統，當被人問到他的戰袍是什麼，即恥笑他年輕時候當過伐木工人的時候，他驕傲地答道：「一副襯衫袖套。」

尼森斯的大主教弗利徹年輕時曾經從事蠟燭製造工作。有一次，一位法國醫生帶著惡意奚落他，刻薄地談起他的出身。弗利徹回答：「如果你也出生在我那樣的環境，恐怕到現在你仍然只是個蠟燭製造人。」

在賺錢的過程中，最需要的東西是人的精力，積累財富則是最高的獨立目標。

一個人如果全身心追求這一目標，鮮有不成功的。但是，量入為出，點滴積累，零攢細聚，使得金錢數量日益增加，卻極少有人能做到。

奧斯特瓦爾德是巴黎的銀行家，他曾經是個一貧如洗的人。每天傍晚，他都要到一家酒館去吃晚飯並喝上一品脫啤酒，然後把他所能找到的所有軟木塞收集回去。他這樣收集了八年，這些軟木塞竟然賣了八個金路易。這八個金路易就成了他起家的資本——他開始從事股票生意。他死後留下了大約三百萬法郎的遺產。

約翰·福斯特引用了一個十分生動的例子，說明這種決心在賺錢過程中產生的巨大作用：有這樣一個年輕人，祖上給他留下了相當巨大的家產。可他荒淫無度，恣肆揮霍，最後竟然家徒四壁，窮困潦倒。絕望之中，他衝出家門，想一死了之。

可是，在原野上，他被周圍美麗的景色迷住了。這些原本都是他的地產。他傷心地坐下來沈思默想了片刻。稍後，他堅定地站了起來，決定痛改前非，重振家業。他返回街上，看到一輛載煤的貨車停在一幢房子前的人行道上，煤土撒滿一地。他幫著把煤裝進車裡，並從此受雇，做這項工作。那一次，他得到了幾個便士，另外還有一些酒肉作為給他的賞金。他把這幾個便士積攢起來。就這樣，通過這種奴僕性的勞動，他一便士一便士地賺錢，也一便士一便士地攢錢，然後用積攢起來的錢做販賣牛羊的生意。他對行情瞭如指掌，做起來也就得心應手。本錢大了以後，他又開始做其它生意。最後的結果是他發財了，恢復了他們家往日的產業。

但是，他的慳吝小氣根深柢固，是個地地道道的守財奴。他死了之後，幾乎無人去給他送葬。假如他精神高尚一點，並以同樣的決心去行動，他或許會成為一個名留千古的慈善家，這對他和對別人都會有益無害。而他那樣的個性和那樣的結局，真是十分可憐又可悲。

5．做一個富有而讓人尊敬的人

在以往的年代，給別人和自己帶來舒適及自由獨立是無上的光榮，人們很樂於去做；而僅僅為了積累財富的人則顯得心胸狹窄、慳吝小氣。不要養成無限制地省錢存錢的壞習慣。這一點，每個聰明人都必須小心在意。對年輕人來說，生活過分節儉很可能養成貪婪的性格。在一個地方是美德的東西，在另一個地方很可能變成邪惡。

對金錢的崇拜，禁錮和壓迫著人的靈魂，關閉了通向慷慨大方地生活和行動的大門。因此，瓦爾特．司各特爵士指出：「寶劍能逼退一個人的身體，金錢能收買一個人的靈魂。」

商業活動所獨有的弊病就在於使人的性格趨向於機械化。商人容易形成思維定勢，一葉障目，不見森林，見錢不見人。如果他只為自己而活，他就很容易把其他人都當作自己的對立面。翻一翻他們的總賬目，你就會瞭解他們的生活。

如果以一個人擁有金錢的多寡？來衡量他成功的大小，毫無疑問，這是一件令人茫然困惑的事。從本性上講，每個人都想成為一個成功者。即使一個意志堅定、頭腦敏銳、動作敏捷的人，一旦抓住機會，他也會立即「上馬」，不擇手段地賺錢。

這些人完全有可能缺乏高尚的品質，不實施任何善行。一個一心只想著錢而意識不到更高力量的人，雖然他可以腰纏萬貫，但他始終只是一個非常可憐的生物。金錢絕不是任何道德價值的確證。金錢的閃光只能吸引它的所有者毫無價值的注意力，正如螢火蟲的輝光只能把自己暴露給牠的捕捉者。

那些成為金錢崇拜之犧牲品的人，讓我們想起一隻貪婪的猴子——牠對某些人是一幅絕妙的諷刺畫。在阿爾及爾地區的長拜爾，農民把一隻葫蘆形的細頸瓶用繩子固定好，繫在一棵樹上，再在細頸瓶裡放入一些大米。這隻瓶的瓶口僅能容納猴子的爪子。到了晚上，猴子來到樹下，把爪子伸進瓶裡，抓住自己的戰利品。他試圖把爪子拉出來，但由於牠死死地攫住戰利品不放，爪子怎麼也抽不出來。牠竟然不知道鬆開爪子，丟掉戰利品。就這樣，直到第二天早晨，當牠被抓住的時候，牠還是這樣傻乎乎地握著爪子。或許牠還在為抓住了大米而感到驕傲呢！這則小小的故事所蘊含的道德寓意，對人們的生活有著廣泛的適用性總體說來，人們大多過高估計了金錢的力量。世界上最偉大的事業不是那些富人所完成，也不是通過募捐而成就，而是那些收入微薄的人創造的壯舉。

基督教的精神被那些最窮苦的人傳遍了半個世界。那些最偉大的思想家、發明家、發現者和藝術家也都是一些節儉的人。就生活境況而言，他們當中的許多人與那些體力勞動者並無多大差別。事情往往就是如此，對於人們的好學上進而言，財富與其說是動力，還不如說是阻力。在許多情況下，它所帶來的不幸同幸運是一樣多的。

那些祖業殷實的年輕人，生活過於順當，很快就會安於現狀，對一切心滿意足，因為他們什麼也不缺乏。由於沒有任何特別的奮鬥目標，他會覺得時間無從打發，他的道德與精神就處於酣睡狀態，他的社會地位並不比隨著潮水漲落的水螅體高出多少。「他惟一的工作就是打發時光，而這是多麼百無聊賴，多麼不堪忍受和不勝悲哀呀！」

然而，富有的人如果為高尚的精神情操所鼓舞，他就會視懶散為懦弱，摒棄無所事事的生活方式。而且，一旦他想到了與他所擁有的財富和財產相聯繫的責任義務，他就會比那些地位低下的人更強烈地感受到使命的召喚。當然，這種使命感必須付諸實施。阿果人的禱告語或許是我們所知道的禱告語中最好的：「不要使我貧窮，也不要讓我富有，只要能讓我足以養家糊口就行。」

在曼徹斯特城的皮爾公園，下院議員約瑟夫．布魯徹頓的墓碑上刻著這樣一句名言，體現了他一生的真實寫照：「我的財富不在於我大量的物質財產，而在於我小小的那點精神追求。」

約瑟夫出身低微，曾經當過工人。但是，他的誠實、勤勉、守信和節制使他聲名卓著，最終地位顯赫。到了晚年，在退出議院之後，他到曼徹斯特的一家小教堂當了牧師。他盡心盡責，兢兢業業。每一個認識他的人都深知他的為人。他做任何事都不是「要讓人們看見」，或者贏得他們的表揚，而是依憑自己的良心，盡自己的義務，使那些最低賤的小人物成為誠實、正直、充滿愛心的人。

「可尊敬的人」，就其本義來說，是無可厚非的。一個可尊敬的人是值得人們尊重並且確實值得人們去注目的。但是，如果這種可尊敬僅僅表現在表面上，金玉其外，敗絮其中，那就不值得人們去注目了。

一個品行良好的窮人比一個道德敗壞的富人要令人尊敬；一個地位低下，默默無聞的人比一位聲名狼藉，有犯罪記錄的無賴好得多。一個知識淵博、有遠大的人生目標而又能權衡利弊的人，無論他從事什麼樣的工作，都會比一般人具有更強的責任心。人生的最高目標就是形成和具備勇敢的品格，使我們的精神和肉體——包括良心、靈魂、智慧和氣質——都盡可能得到充分發展。最終的結果是：除了財產以外，我們對其它任何東西都必須予以考慮。

因此，最成功的人生不在於一個人得到了最多的感官快樂、最多的錢財、最大的權力和最大的榮譽或名聲，而在於他表現出了最勇敢的英雄氣概，完成了最大量的有益工作，為人類的發展盡了最大的職責。

金錢在某種程度上是一種力量。這話不錯。但是，智慧、熱心公益的精神和道德品質也都是一種力量，並且是比金錢高尚得多的力量。柯林伍德勳爵在給一位朋友的信中寫道：「讓其他人去申請退休金吧！沒有金錢，我一樣富有。我可以通過自己的勞動，使生活過得優裕。如果不被任何不純潔的動機所玷污，我會在我的土地上自食其力。我和司各特可以繼續在菜園裡種植捲心菜，所有開銷也不會比以前更大。」

特法爾格戰爭結束後不久，他那位當海軍上將的弟弟前來拜訪他。找遍了整個菜園，最後才在一條很深的溝渠裡發現他。他和司各特正忙著挖溝。另有一次，他說：「我只要求自己支配自己的行動。拿一百份退休金和我做交易，我也不幹。」

發財，毫無疑問會使一部分人「加入社會」，正如他們自己所說的那樣。但是，請特別注意，他們必須具備各種精神、感情和行為的品質，否則他們就只不過

是富人，僅此而已。有些「在社會裡」的人像克利薩斯一樣富有，可是他們並沒有引起人們特別的注意，也沒有贏得任何尊重。為什麼？因為他們只不過是一隻錢袋子，他們的力量只能在自己的錢櫃裡發生作用。一個人生活在社會裡的標誌，應該表現在他是輿論的導向者和統率者。

一個真正成功和有用的人並不一定富甲天下，但他必然擁有可貴的品格、豐富的經驗、良好的道德。即使一個窮人，像托馬斯．賴特，物質財富十分有限，但他關心人性的改造，懂得金錢的妙用而不濫用，充分利用了自己的財富和能力。因此，他可以毫無嫉妒地鄙視那些成為錢袋子、成為土地主的世俗成功者。

第五章

行動的力量

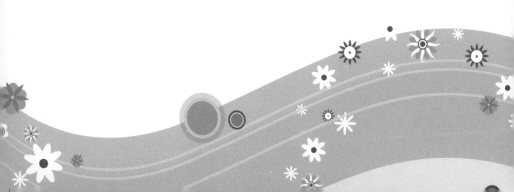

I．行動的影響不可忽視

榜樣是最好的老師。雖然榜樣是一種無聲的語言，但它能教給我們許多書本上根本無法得到的東西。榜樣的力量在於行動，行動比語言更能說服人、教育人、啟示人。行動就是力量。與空洞的說教不同，榜樣無時無刻不在影響每個人、鼓舞每個人，它給人一種潛移默化的影響，久而久之，終於成為習慣。

一個人一旦在榜樣的影響下，形成了良好的習慣，就能受益終生。一萬次空洞的說教還不如一次實際的行動。萬千個說教家口裡一套，行動上又是另一套，這種說教又能有什麼作用呢？言行不一致，拿大話、空話和套話教育別人，這樣的教育者不過是在自欺欺人罷了！因為聰明的人都知道，人們往往是通過自己的眼睛去認識事物的真相，而不是只憑耳朵聽到的做出判斷。

親眼看到的無疑要比道聽途說的深刻得多、豐富得多。這也就是為什麼許多大道理講得天花亂墜，人們卻充耳不聞的原因所在。

對於年輕人來講，他們主要是通過眼睛獲取知識。不管小孩子看到什麼，他們都會無意識地模仿。不知不覺間，這些小孩子與他們周圍的人的行為模式就一模一樣了。這正如許多昆蟲會呈現出與牠們所吃的樹葉一樣的顏色。因此，家庭的影響就顯得尤為重要。不管學校的影響、社會的影響如何，家裡人的一舉一動、一言一行，對一個孩子的影響要大得多。家庭是社會的縮影，是塑造國民性格的搖籃。

不管這個家庭是道德高尚，還是道德低下，它都會對生活在其中的子女產生莫大的熏陶。在家庭中日漸養成的品德、習慣、生活準則、待人接物的方式等等，往往對小孩的一生產生難以磨滅的影響。一個民族的全體國民都是從家這個「育嬰室」中長大成人，這個「育嬰室」自身的環境、條件、道德、文化、思想品位等等，都會在無形中對生活在其中的小孩產生巨大的影響。

公共輿論在很大程度上是家庭生活規則的擴大化，積德行善之心、友愛他人之意都源自家庭。柏克說：「友愛他人，是所有的人類之愛中最珍貴的愛。」從這一點出發，大而化之，就會愛人類、愛世界。真正的博愛之心與真正的仁厚之心一樣，淵源於家，但決不會只囿於家庭之內。

即使一些看似細小的行為，也不能等閒視之。因為這些細小之處對於小孩子品性的好壞有不可低估的作用。父母親的性格、品行總是在孩子們的身上折射出來。

往往是父母親諄諄教育的東西早已忘得一乾二淨，而父母親日常生活中表現出來的有關情感方式、紀律觀念、勤勞風範和自我控制等具體行為，仍然會存留在孩子們的心中，並產生持久的影響。

一些明智的男人常常把孩子看成自己未來的重現。確實，在許多小孩身上，我們能見到這樣的影子。父母親無聲的行動，哪怕是有意無意的一瞥，都有可能在孩子的心中印下難以磨滅的痕跡。父母親平時的良好行為曾抑制或除去了小孩子多少邪惡的行為，這實在無法弄清楚。而多少孩子沈溺於各種不健康的思想之中，乃至走上犯罪的道路，這其中又有多少就是直接受到父母親的影響？正是那些父母親毫不經意的細小行為給了小孩子以巨大的影響。韋斯特曾說：「母親甜蜜的吻，使我成了一名畫家。」許多人的成功與幸福就與父母親這些看似細小的行止有機地聯繫著，父母對小孩的良好影響往往能給他以後的成長起到巨大的促進作用。

在福韋爾·柏克斯頓成名之後，他曾寫信對他的母親說：「我總是由衷地感覺到，為別人盡心盡力去工作、去努力，這是一條不可改變的原則。這一原則是我的母親——您——以自己的行動教給我的。」他還常常滿懷感激地提及一個名叫亞伯拉罕·普拉斯特的獵場看守人對他的無形熏陶。

普拉斯特是一個大字不識的粗人，柏克斯頓經常跟他一起騎馬、遊玩，兩人私交甚篤。這位既不能讀書也不能寫字的普拉斯特天賦極高，而且很有正義感。「他為人極為正直，很講原則。他從不做任何一件我母親認為不善或不對的事，也從不說及。他總是把一切正義美好和純潔的東西灌輸給我，他本人也就是這種充滿正義感的人。他嚴格地要求自己，對自己的一言一行從不苟且。他教人樂善好施。他自己身無分文，卻樂於接濟別人。這種人恐怕只能在古羅馬哲學家塞尼加和大作家西塞羅的著作中才能找到。普拉斯特是我最初的先生，也是我最好的先生。」

洛德．藍格德爾在回憶她的母親時說：「如果把整個世界放在天平的一頭，我母親在另一頭，這巨大的天平會立即傾向我母親這頭。世界渺小，是因為我母親太偉大！」

斯契梅爾．柏尼克夫人晚年時曾無限感慨地提起她母親對她產生的深深影響：「每當母親來到房子裡時，那種祥和的道德氛圍立即會感染在座的每一個人。她的每一句話，乃至每句話的語調都給人一種心靈空潔、渾身舒爽之感。每個人都自由地傾吐自己的所思所想。在這種莊嚴卻寬鬆的氣氛中，心靈就像在洗澡一般清爽，人也似乎站得更直了。當我母親在身邊時，我幾乎變成了另一個人。」

良好的家庭氛圍對於一個人品格的養成是多麼重要啊！孩子們親眼所見的父母親的言行舉止，都深深影響著他們自己。也許父母親教育子女的全部內容可以歸納為一句話——改善和提高你自己。

人類所做的每一個行動、所講的每一句話，都會產生相應的後果，這些後果的影響很可能極其深遠。父母親或周圍眾人的一舉一動、一言一行也同樣會產生其相應的後果。這些後果到底會是什麼，這些問題常為人們所忽略。其實，這是一個很嚴肅而重要的問題。我們每個人都在社會生活這幅巨畫上畫下自己或濃或淡的一筆。每個人都不自覺地在某種程度上影響著周圍的其他人，人與人之間都會相互影響著。

良言善行必定會長留人間。即使在一時一地，我們未曾見到它們產生的直接效果，但它們的影響仍存乎浩浩人海之中，清和之氣存乎天地之間。同樣，一切醜惡的行為和淫穢的詞語，也會長期存在並產生相應的影響。無論什麼人，不管他是多麼偉大還是極其渺小，都不可能認為自己的言行舉止既不會產生好的影響，也不會產生壞的影響。好壞之間沒有調和、折中的餘地。不正即歪，不好即壞。人之肉體終歸消亡，而崇高的精神卻可以不朽。理查德·科布登逝世的時候，狄斯雷里先生在眾議院宣稱：「他雖然已離我們遠去，但他仍是眾議院的一員，他那與時俱進、全心為民、敢作敢為的精神永存於我們的眾議院！」

在人生中，在這個世界上，確實有某種不朽的精神實體存在。身為一個人，任何人都不能單獨存在，任何人都是這個相互依賴、相互聯繫的社會系統的一個不可或缺的組成部分。正是個人的行為強化或減弱了一切壞東西的影響。現在植根於過去，今天植根於昨天，先祖的榜樣無時無刻不在影響我們；而我們每天的日常生活又在構築下一代人生活的一切。每一代人都是以前無數代人的文化影響和熏陶的結果。水有源、樹有根，人不可能離開先祖的文化而生存和發展。而活著的一代的言行、文化又注定與未來緊密相連。一個人的軀體終會解散，變成塵埃滾滾、清氣縷縷，但他在這個世界上的業績不會消失，他或好或壞的行為必將開花結果，影響後人。每一個人都肩負著極其重要而莊嚴的使命——繼往開來。

貝必克先生在他的著作中，以其特有的筆鋒，深刻地表述了這些思想：「每一個原子，每一顆極小的微粒，不管它帶來好處或壞處，不論它是遭人排斥還是引人注目，都包含有自己特殊的動機和意向，聖哲可以從中悟出理性和智慧，因為每一個原子、每一顆微粒在其內在本質中就蘊含有聖哲所謂的知識。一個個簡單而平凡的原子以無窮無盡的方式與那些不足道，甚至卑劣、低級的東西有機地聯繫著，相互影響著。」

空氣本身就是一個巨大的藏書庫，人類所說的一切，哪怕是低言細語，都一一記載於其中。這浩瀚無垠的大書庫中，每一本書都客觀而公正，永不磨滅地記載著遙遠的過去和最近的日子所發生的生死輪迴的無數跡象，人類無數未了的心願、未曾踐履的誓言、未能完成的使命都字字如鐵地記載在這無形的書本之中。像那相互聯繫統一運動著的細小微粒不曾消失一樣，人自身的意志、心願也如同山嶽永在，日月長留。

如果說我們須臾不可少的空氣就是一個永遠不變的真正的歷史學家，它真實地記載著人類的思想、情感、興趣、愛好，而茫茫大地、浩浩太空和橫流的滄海都以其特有方式，忠實而永久地記載著我們人類的所作所為，那麼，這種作用與反應的原理及原則毫無疑問也適用於它們自己。大地有靈、蒼天有眼，人雖大智，卻不過是上天所創造的一種物質罷了。沒有哪一種運動，哪一種作用，不管是自然的原因所造成，還是人為的原因所致，已經完全消失。

如果全能的上帝真的已把那原本去不掉而清晰可見之罪惡的痕跡消滅殆盡，那他身為全能的主宰，應當確立其特殊的規則，在這些規則的作用下，即使那些十分狡詐的罪犯也總是與他所幹的一切不可改變地聯繫著。每一個單個的原子，無論你怎樣去切割，它的內在結構依然存在，它依然通過各種各樣的聯繫，與周圍世界緊密相連。身為單個的人，無論你把他置於何處，他也總是與周圍世界產生無窮無盡的聯繫。外界的不良影響加劇到一定程度，好人就會變壞，就會犯罪。

因此，我們自己所做的每一件事、所說的每一句話，以及我們親眼所見的別人的舉止，所聽到的他人的言談，都會對我們自己和周圍的世界產生很大的影響。

我們的言談舉止會對我們的孩子、朋友和其他人產生什麼樣的效果，這一點，我們自己也許並未自覺地意識到，但有一點可以肯定，這種影響確實存在，並且持久地起著作用。因此，無論何時何地，任何人都要嚴於律己，剛正不阿，注意自己的一言一行。這是每一個人都能做到的。無論你多麼貧窮，多麼微不足道，你都應該這樣去做。一個人能長期堅持這樣做，每個人都要求自己這樣做，這就是一件相當了不起的事了。

在這個世界上，平凡的人生活得最實在，平常人的一言一行，有時能改變一個偉大的人物。其實，偉大人物之所以偉大，往往就在於他善於向平凡的人學習。事實上，平凡與偉大的實質區別並不在於後者掌握了真理，許多貌似「高貴、偉大」的人物其實愚不可及，而許多地位卑賤，為人冷落的凡夫俗子卻富有智慧。「智者未必貴，貴者未必聰。」這乃是古今通理。

當然，在這個世界上，並不存在絕對卑下的人。美麗的珍珠往往藏在其貌不揚的蚌殼裡，山底下的燈雖不像山頂上的燈那麼地位顯赫，但它仍忠實地燃燒著，照亮自己所能及的範圍。不管在什麼情形下，在什麼地方，無論山村茅屋、田野陋居還是小鎮陋巷，不管其表面情形看起來何等不幸、何等惡劣，真正的大人物都可能在其中誕生。「猛將常生於卒伍，良臣多起於布衣。」這句話就說明了這個道理。

為了他人，真正的大人物會勤勤懇懇地耕耘。有許多人就耕耘著遠遠大於自己墳墓的大片土地，他們忠實地燃燒自己。一個普普通通的廠房完全可能成為一個科研基地，成為磨礪自己的熔爐，砥礪品行的磨刀石，當然也可能成為滋生懶惰、愚昧、墮落的場所。一切都在於自己，在於你能否充分地利用一切機會擇善而從，見惡去之。同樣的環境、同樣的條件，不同的人，往往會產生不同的結果。一個人能否主宰自己，是他將成為何等樣人的一個決定性因素。

2·榜樣的力量無窮

一個人如果能正直、誠實、勤勞地度過自己的一生，他就不僅為自己的兒女，而且為整個世界留下一份豐厚的遺產，他就是在堅持不懈地追求一種美好的生活。在這種看似平凡的生活中，蘊含著極為珍貴的精神財富。這個人的一生就是對美好道德的雄辯說明，對不道德行為的嚴厲申斥，他給世人上了正義的一課。對於所有過這種生活的人，世上的其他人都會由衷地感激他們、尊敬他們、追憶他們，因為他們為自己的兒女和其他人樹立了光輝的榜樣。

要做些什麼事，只停留在嘴上是不夠的，關鍵是落實在行動上。切絲黑爾姆夫人曾向斯特威夫人談及她的成功之道：「我發現，如果我要完成一件事，我得立刻動手去做。空談無益於事！」這句話可說放諸四海而皆準。夸夸其談、嘩眾取寵而不注重實幹的人最引人反感，成功也永遠不會光顧這種華而不實、說而不做的人。

如果切絲黑爾姆夫人僅僅滿足於她動聽的演講，陶醉於她那美好的計畫，她自然就永遠也不可能超出言談的範圍，那她就只不過是一個空談家而已，人們也就不會相信她所說的一切。但人們親眼看到她以自己的行動實現了她的計畫，從而贊同她的觀點，樂意出手相助。最偉大的慈善家並不是那些嘴上說得天花亂墜，也不是那些把一切都設想得極其美妙的人，而是那些腳踏實地肯去做的人。

那些處在社會最底層的人，只要他對工作充滿熱情，只要他是一個有心人，經過努力，他必將贏得他想獲得的成功與地位。貧寒的出身、卑賤的地位並不意味著不可衝破。重在實幹，貴在真想。

托馬斯．韋特曾經談到罪犯的改造問題，約翰．鮑德斯大聲疾呼，要創辦孤兒學校，但他們若未付諸實際行動，良好的願望就只是停留在嘴巴上，只是寫在紙上空洞無用的東西。只有在他們扎扎實實地從事這件事，而不僅是說說，事情才會有所起色。這樣，即使那些最無聊的人，那些對社會充滿不滿的人，當他們親眼看到這位熱心呼籲創辦孤兒學校的格塞里博士的成就，約翰．鮑德斯這位樸茨茅斯的修鞋匠親身踐履著他的生命格言時，他們會受到多麼大的震撼和鼓舞呀！

「我對這件事產生興趣純屬偶然。在人的一生中，偶然性有時就起了決定性的作用。正如大江大河有時也會因一些微不足道的因素而改變一樣，人的命運常常充滿神奇而不可捉摸的色彩。有時，一個瞬間的念頭就會決定一個人的一生。這話說起來似乎有些神奇，其實它是常見的社會現象。」

我最初對孤兒學校這件事發生興趣就是由於看到一張圖片。那是位於福斯海濱附近的一個古舊、偏僻的自治市，托馬斯．凱爾姆先生的故鄉。

幾年前，我到那兒去過一次。我走進一家小客棧，坐下來喝點茶水，並休息一下。我看到牆上掛著許多圖片。圖片上，一些漂亮的牧羊姑娘手中拿著牧羊用的彎柄杖，穿著節日的盛裝，與海員們一起嬉戲、玩耍。這些情景並未激起我特別的興趣。在壁爐架的正上方掛著一幅畫，畫上描繪的是一位修鞋匠的房子。

修鞋匠正忙著活兒，厚厚的眼鏡架在鼻梁上，一隻破舊的鞋子夾在兩膝之間——他正在修補這隻破舊的鞋子。他那寬寬的前額和厚厚的嘴唇顯示出他剛毅過人的性格，濃濃的眉毛下一雙大眼正慈祥地望著他身邊許多衣衫襤褸的小孩。這些不知名的小男孩和小女孩瞪著好奇的眼睛，望著這位慈祥的修鞋匠。不知道是修鞋匠目光的祥和感動了我，還是那群衣不蔽體的小男孩和小女孩在召喚我，我走了過去。只見圖畫的下方寫著幾行文字：約翰．鮑德斯，樸茨茅斯的一位修鞋匠，他憐愛那些被各種部長大人和各地行政官員及其他女士、先生拋棄的小孩，不忍心看到這些失去父母——他們的父母親大都過得很舒服——的無辜生命在街頭流浪。於是，他像一個牧羊人一樣，把這些孤苦伶仃的孩子收養起來。拯救一個又一個無家可歸、四處漂流的小生命，他把他們教養成一個個有益於社會的人。先後被他救助的小孩不少於五百人。

看到這些，我的心靈被深深地震撼了。這樣一個普通的修鞋匠，憑著自己的愛心、憑著自己頑強的毅力，為了這些被人遺棄的小孩而默默無聲地奉獻！名利非他所求，全然不求回報。這樣的人真是少之又少。我為自己對社會一無作為而深感愧疚；我深深地欽佩這位修鞋匠的業績。在那一瞬間，我的心靈得到淨化，精神得到了昇華。

此後，我激動了好幾天。我對我的朋友說：「這位修鞋匠是仁慈的化身，是博愛之夫，應該在英國為他建立一座最高的紀念碑。」而今我已冷靜和鎮定多了，但我絲毫不想收回這句話。我決心承繼這位修鞋匠的事業。他那憐愛眾生的精神一直激勵著我。

約翰·鮑德斯是一位十分聰明的人。像鮑爾一樣，如果以其它方式，他無法贏得一個窮苦的孩子，他就通過自己獨特的高招去贏取。人們常常看見他在海港碼頭追著一位衣不蔽體的小孩，力圖讓這個小孩進入他的特別學校。他不是像警察一樣，以武力服人，而是苦口婆心地講道理，一直到這個小孩跟他到他的孤兒學校。他知道愛爾蘭人喜愛烤熟的馬鈴薯。他會給另一個小孩一個熱乎乎的馬鈴薯。人們常常看到他穿著破爛不堪的大衣，把香噴噴的馬鈴薯送到衣衫同他自己一樣破爛的小孩口裡。

後來，這位修鞋匠的慈愛之心傳遍鄉鄰。他本人從不在乎這些俗人所看重的盛名與讚譽。他眼望著茫茫人世間那些無依無靠的小孩在淒風苦雨中獨自飄零，他自己不過是盡一個修鞋匠之心之能去給他們點滴雨露和一縷陽光罷了。他的所為能改變幾十、幾百人的命運，但面對這無是無非、無血無淚的人世，眼睜睜看著那些幼小的生命被拋出其應在的家園，修鞋匠的心顯得更加蒼老了！他那慈祥的目光不知何時多了一絲淚痕。修鞋匠的名聲因他的事蹟而傳播朝野上下。他終於來到萬能的主面前。主說：「你為那些最可憐的人鞠躬盡瘁一輩子，這是給我幫了忙啊！」

榜樣對一個人品格的培養具有至關重要的作用。生活在我們周圍的其他人的品格、生活方式、習慣和他們對事物的看法都有意無意地在影響我們。有時，我們自己深受其影響而不自覺。好的行為規則無疑會對我們的生活產生指導作用，而好的榜樣發揮的作用更大。榜樣的行動是一種活生生現身說法的教育，這種教育最豐富、最生動，最富於感染力。榜樣本身就昭示著我們應該怎樣去做，不應該怎樣做。反之，一個壞的典型能在頃刻之間摧毀一座美麗的道德宮殿。以上所言，無非在說明：人生活在什麼樣的環境之中，就會成為什麼樣的人。

「近朱者赤，近墨者黑。」對年輕人來說，品格正在形成，慎重擇友就顯得十分重要。年輕人極易吸收、消化他人的思想，極易模仿他人的行為，與他人產生思想上的共鳴。朋友之中，只要有一個人染上了壞習慣、不良的嗜好，其他人往往仿而效之。許多人就這樣不知不覺地染上惡習，日久天長，竟至無法改掉。這就是交友不慎所致。

葉格衛斯先生堅定地認為，年輕朋友在一起，極易形成一致的意見。因為每一個人都很容易被對方所同化，因而大夥兒總是趨於一致。經常相聚的人，連講話的腔調都十分近似。我們看一個人，只須看他有些什麼樣的朋友就行了。

「物以類聚，人以群分。」選擇一個好朋友，可能會成就自己的一生；選擇一個壞夥伴，足以把自己毀掉。我的座右銘是：「擇其善者而從之，擇其不善者而去之。」

路德．格林伍德寫信給年輕朋友說：「年輕朋友們，你們一定要記住這句格言：寧可獨自一人，沒有朋友，千萬不可與那些庸俗卑劣的人為伍。你的朋友最好是那些品格高尚的人、具有崇高精神的人。他們應該至少與你一樣。若他比你更好，那就是求之不得的朋友。」有許多人，當他們與益友相處時，他們會變好；反之，當他們與壞人為友時，他們自己也會變壞。在一定的條件下，外因會起決定性的作用，儘管這種決定性的作用是通過內因起作用的。

彼特．李利先生說：「人的眼睛是心靈的窗戶，看淫穢的東西能亂人心，看了之後總想模仿。有了此念，很有可能就會去行動。」有時就是這樣一個念頭，促使一個人走上邪路。

年輕人應該擁有遠大的抱負，有志同道合，追求上進的朋友。對朋友的要求高，也就是對自己的要求高。歷來多少英雄豪傑視擇友為大事。擇德高行潔者為友，則已行必潔、己德必高；擇卑劣之小人為友，則不過三日，自己亦成小人矣。

弗蘭西斯．霍勒平生喜歡與一些德行高潔、才學過人的人交朋友。在與這些朋友的高談闊論中，他獲益良多。他曾感慨地說：「我敢斷言，我從朋友們身上學到的為人處世的學問，所得到的知識財富，遠比我從書本上尋章摘句得到的多。一位正直而富有才學的朋友就是一座聖潔的圖書館。只要你是他志同道合的朋友，你就隨時可以進入這座聖潔的圖書館中。」

正如在鮮花盛開的花叢中走過之後，身上必然留下陣陣芳香一樣，與德行高雅的朋友久處，自己的言談舉止也會高雅起來。入芝蘭之室，久而其身必香；入鮑魚之肆，久而其身必臭。

凡是熟悉約翰．斯特林的人，都會發自內心地說，在與斯特林的交往中，斯特林給他們以種種有益的影響。許多人由衷地說：「正是在斯特林先生的感悟和影響之下，我們才迷途知返，終成正果。」還有許多人說：「正是斯特林先生使我們明白我們是什麼，我們應該幹些什麼。」特契先生在談及斯特林先生時曾說：「凡是與斯特林先生交往過的人，沒有不被他那崇高的品德所感動的。只要與他生活在一起，你的靈魂就會得到淨化，精神就會變得崇高。每當我離開他時，我總感到我超脫了塵世許多無謂的煩惱，一種崇高的精神激勵著我向上追求。」崇高的品德、高尚的情操總會給人以鼓舞、以心靈的震撼。正如日月精華之氣滋生萬物一樣，崇高的精神滋潤著人的心靈。

與斯特林先生在一起，我們的精神在無形中得到昇華，恍如得道成仙一般。久而久之，我們也能像他那樣待人接物，為人處世。這正是心與心之間的相互作用，人的精神與精神之間相互作用啊！人身為萬物之靈長，精神的需求更是一種內在本質的要求。高尚的精神是一盞指路明燈，它的光芒直射人心，長駐人間。

人物傳記中記載了許多感人至深，催人奮進的例子。先輩創業的艱難事蹟永遠彪炳史冊，他們的英雄業績永遠鞭策著後人。我們的祖先依然活在我們周圍，他們的英雄業績永遠不會磨滅。我們的先輩仍然坐在飯桌旁，陪伴著我們，他們的手拉著我們的手。他們給我們提供榜樣，我們仍能見到他們的身影，聽到他們的聲音，仍從他們身上汲取無窮無盡的力量。

事實上，歷史上那些真正有功於民族、民眾的人，他們的事業非但不會被後人忘卻，反而變得越來越清晰。那些功勳卓越的英雄的事蹟將與山嶽同在，他們的崇高精神將作為永恒的精神財富長駐人間，給人鼓舞，催人奮進。

離開了歷史，拋棄先祖這些寶貴的精神財富，我們就會變成無源之水、無本之木，就不能繼承他們的事業，也就不能成功地開創新生活。歷史是一條綿綿不絕的長河。有些人存著斬斷它的企圖，這雖則看似豪邁，實則愚不可及。那些珍藏著先人英勇之業績的書都是一粒粒極寶貴的種子，只要把這些種子撒播人間，後人就會迸發出無窮無盡的力量。古人是一本書，記載古人英雄業績、艱苦創業的書就是智慧和力量的寶庫。後人只要打開這樣的書，就可以獲得無窮的力量。

英國詩人彌爾頓在論及這樣的書時曾說：「人世間最珍貴、最精緻的主人翁精神就蘊藏在這些書本之中。這種精神給人以啟示和鼓舞，它橫絕時空，永駐人間。」這就是這些書本的神奇魅力所在，一切追求崇高、追求高尚的人都能從中找出源頭，獲得動力。書香遺萬世，只因精神高。

當然，這樣的書，當中的每個例子都感人肺腑。這些活生生的例子就是前人走過的足跡。重溫他們的足跡，我們會改變自己，熱心地創造自己的生活。我們不能失去這種情感上的依托，不能沒有偉大的前人崇高精神的鼓舞。探尋他們的足跡並以他們為榜樣，這是我們走向成功的必經之路。就像沒有見過陽光的幼苗和藤蔓一樣，它們總渴望太陽，渴望著太陽無限的光輝。於是，它們拼命向上，向上，直至太陽的光輝照耀在自己身上。

富蘭克林習慣於把他的成就和名譽歸諸讀了《論行善》這本書——這本書出自一位名叫柯頓的母親之手。由此可見，一個好的榜樣能影響多少人。榜樣就是一顆顆火星，一旦把這些火星遍撒人間，這些星星之火就會形成燎原之勢。

塞繆爾·杜威則說，他是在讀了本傑明·富蘭克林的動人傳記之後，才形成他的生活習慣，尤其是商業習慣的。因此，我們不能說，一個好的榜樣，它自身的力量在某一點上已經消失了，不能說榜樣的力量僅僅囿於書本。上溯上百年、上千年乃至上萬年，那些開天闢地、勤奮創業的先人，那些扶貧濟困、修橋補路、樂善好施、德行高潔的先人，他們作為榜樣的力量又何曾消失呢？我們身為後人，優勢就在於可以繼承古人優秀的品德，發揚他們的崇高精神，不斷地開創未來。

我們應該讀最好的書，效法最好的榜樣，不斷地完善自己。路德·杜德利曾說：「在文字上，我總是只與我認為很不錯的老朋友交往。我的朋友都經過我長期的選擇。和我的朋友在一起，我變得越來越崇高，創作的願望也愈來愈強烈。我總能從我的朋友身上得到益處。十之八九都是這樣。朋友們不在的時候，我把以前讀過的書溫習一遍，甚至幾遍，其收穫遠比讀一本新書來得快、來得多。」

「關於培根的書，」霍勒說：「沒有任何一本書像它那樣動人修身養性。他真是上帝派到人間教會我們明白成功如何獲得、偉大怎樣造就的天才人物之一。他使人相信，勞動是一切人間奇蹟的創造者，天才不是上天恩賜的聖物，而是辛勤汗水的結晶。這本書雄辯又自然地講述著一個個極其動人心魄的故事。沒有任何一本書像這本書這樣令人激動、給人鼓舞！」一本好書，常給人以啟迪。

里曼德說，他就是在讀了理查遜描述一位大畫家的書後，才產生了鑽研藝術的衝動。同樣，海頓也是在讀了《里羅德一生》這本書後才從事同一種追求。薪火相傳，代代不息，勇敢而激奮人心的故事就是星星之火。這顆火星一旦被具有相同的才華、同樣的激情和追求的人拾到，就能在這個人心中燃起熊熊大火。成功與希望就在這顆小小的火星之中蘊藏著。能得此火星者，鮮有不成功的。正是這些榜樣鼓勵著一代又一代的人，使星星之火得以相傳。前面的人影響和鼓勵後來的人，後來人又以自己的行為和業績鼓勵和激發下一代人，這樣人事更替，而精神不滅，事業不絕！

對年輕人來說，最富於感染力、最富價值的榜樣莫過於那些能促使年輕人愉快地工作的人物和事蹟。愉悅的精神狀況能極大地促進一個人去從事自己喜愛的工作。一個人只要愉快地勞動，在碰到困難時，就不會灰心喪氣。

愉快的勞動心情永遠和希望、成功緊密結合。激情、熱情是人強烈追求自己之對象的一種本質力量，激情與熱情是愉快勞動的好朋友。在充滿活力、熱情的勞動中，辛苦會化成快樂，困難會變成動力，沮喪會變成信心。而且，一個富於熱情、激情的人能感染周圍的許多人，帶動許多人像他一樣去工作、創造。愉快勞動這種精神能使困難低頭，使挫折和失敗讓路，使普通人變得高貴。滿腔熱情去工作的人，他們自然心靈手巧，效率很高。

休默說：「與其心情抑鬱地成為萬貫家財的主人，不如擁有一份愉快的心情，享受生活的陽光。」格蘭威爾．夏普在為奴隸的利益進行不屈不撓之鬥爭的同時，也不忘夜晚在他弟弟的家庭音樂會上吹奏長笛、單簧管和歐巴，藉以娛樂、放鬆自己。在星期六晚上的清唱劇晚會上，當海德爾演奏時，夏普則在一旁敲銅鼓。他還偶爾從事漫畫創作。福韋爾．柏克斯頓也是一個十分愉快的人。他對田園風光特別感興趣，常常和孩子們在鄉間騎車，家裡的各種娛樂活動也總是少不了他。

安羅德博士是一個思想深邃，工作時總是心情愉快的人，他全身心投入教育和培養年輕一代的偉大事業之中。他的傳記作者說過這樣一段話：「萊里漢姆這個圈子的一個顯著之特點就是：這兒彌漫著一種歡快的氣氛。任何新來乍到的人都能深深地感受到這一點。他們能感覺到，這兒在從事一項偉大又誠摯的工作。每一個學生都感到自己有一份工作要做，而他的義務、幸福就與他的這份工作緊緊地聯繫在一起。一股難以描述的熱情與同學們的生活息息相連。當同學們發現自己是一個能堪大用，有益於民眾的人時，當他們認識到自己將來能為民眾謀幸福時，一股股暖流便襲遍全身。同學們在這種充滿激情的生活中追求知識，追求自己的理想。」

安羅德教會他的學生如何珍愛生命、珍惜自己，如何認清自己的使命。他總是生活在他的學生之中，想他們所想，思他們所思，他的心與每一個學生的心都連在一起。他們一起探討人生、追求知識。他離不開自己用心血哺育出來的學生；他的學生對他懷著深深的敬意和綿綿的情意。他把自己對學生的愛、對知識和真理的追求，都深深地印在心底，他為了自己的信念、理想，總是不顧一切，勇往直前。在他身上，我們看到一顆火熱的心，一顆永不停止跳動的心。

無論是對社會還是對個人成長的關照，只要是有意義的，安羅德認為那就是他的分內之事，他自己就有義務盡心盡力地投入其中。他從不偏愛一行而厭惡另一行。事無大小，只要有益於社會，他都躬身力行，以此為樂。把自己的生命融入這永無止境的為他人、為社會盡力的事業之中，這是他的精神寄託。他謙恭不倨、淵博不俗、心誠不浮；面對事業的召喚，他鞠躬盡瘁，雖九死亦不悔。天必厚賞這種為他人而忘我的人。安羅德先生淨心磨礪自己，其志愈潔，其行愈高，其名百世不絕，其才亦愈臻於至善。面對蒼茫大地，他不問沈浮，只問耕耘。

「嚴父必出孝子，嚴師定有高徒。」安羅德不是嚴師，他是一位仁慈的長者，他如春風化雨，澤潤英才。他以自己的畢生心血培養了一代又一代有益於社會、有益於民眾的人。其中就有勇敢的哈德遜。

多年以後，哈德遜從印度寫信給家人，談及他這位可敬可佩的恩師：「安羅德先生對我產生的影響是如此刻骨銘心，以致今天遠在印度，我仍時時感受到他的教育、關懷和啟迪。有人說，人一輩子得一尊師足矣。如此說來，我此生足願矣。」

3・賽克萊先生的偉大行動

一個心地正直、充滿朝氣又勤勞苦幹的人能極大地影響左鄰右舍，影響他的扈從，帶動他周圍的許多人。當然，他取得的成就也會鼓舞他周圍的人。約翰・賽克萊先生正是這方面的典型。阿伯・喬格爾稱他是「歐洲最不屈不撓的人」。

賽克萊家是富有田產的大地主，龐大的家業就在約翰・歐・格勞特家附近。這兒是一片廣大無垠的荒涼地區，與北海緊緊相依。除了海水的咆哮聲外，這裡似乎聽不到文明吹響的號角。

在賽克萊16歲那年，他的父親去世了，管理家產、經營家業的重擔落到他的肩上。18歲，他開始對凱賽尼斯村進行大規模強有力的改造，取得了很大的成就。那時，農業還處在極為落後的狀態，廣大的田地還沒有圈起來，農夫也不知道如何灌溉和開墾土地。凱賽尼斯村的農夫生活十分貧困，連一頭馬都養不起。大量艱苦的勞動主要由婦女承擔，家庭的重擔也由婦女一肩扛起。

當時村裡連一條像樣的路都沒有，更不用說有什麼橋了。那些買賣牲口的商人要到南邊去，只得和他們的牲口一起游過河。一條高聳入雲，布滿岩石的羊腸小道爬在海拔數百呎高的山上，這就是通向凱賽尼斯村的主要通路。要進出這個村子，十分費力。當地人說，凱賽尼斯村的路通天，有翅的鳥兒難飛過，農夫半世光陰都在路上忙。賽克萊見到這些情況，心裡很不是滋味。他決心在切爾特山上修一條新路出來。

那些老業主都聚在一起，嘲笑這位年輕人。要在這怪石嶙峋的高山上修路簡直是異想天開，不知天高地厚。但賽克萊心意已決。他召集了大約二千名勞工。在夏日的清晨，他就和勞工們一起出發。他認真地負責監管大夥兒的勞動，並以實際行動鼓舞大家。經過艱苦的勞動，以前一條六哩長，充滿危險，連馬都走不過去的羊腸小道，終於變成了車子都能通過的大路。這在那些老業主看來，真是不可思議的事。

其實，這並非什麼不可思議的事。許多事看起來難於上青天，主要是缺乏一個具有正義感、感召力的領頭人，因而無法幹成。賽克萊當時年紀輕輕，並沒有什麼魔力，他只不過是急人之所急、想人之所想，振臂一呼，自然應者雲集。他身先士卒，大夥兒又怎麼會不賣命呢？人心齊，泰山移。因此，二千來名勞工用自己的雙

手把一條羊腸小道建成了一條通天大道。

其後，賽克萊又著手修建更多的路，建起了廠房，修起了橋梁，把荒地圈起來，加以改良、耕種。他還引進了改良的耕作技術，實行輪作制，鼓勵開辦實業。在他力所能及的範圍內，他大大加速了現存社會結構的改善，給農民注入了許多全新的觀念。凱賽尼斯村原本是北方一個極為偏僻落後的地方，那裡連人都很難進去，有人把它叫作「天涯海角之地」。而今，在賽克萊的影響和改造之下，這個地方的道路交通、農業、水產業都大大地改善了。這個小村成了名聞天下的模範村。

賽克萊年輕時，郵件由送信的人一週送一次。這位年輕的從男爵宣稱：在他看到四輪大馬車每天到托宿地區送郵一次以前，他決不罷休。周圍的人對這位從男爵的話嗤之以鼻，誰也不信。當時有不少人嘲笑道：「哈——有一天賽克萊會看到四輪大馬車每天都來我們這兒送郵！」但賽克萊的預言並未因別人的嘲笑而隨風飄去。在他的有生之年，四輪馬車每日去托宿送郵就成為事實。

賽克萊先生的影響日漸增大，他為民眾所幹的事也越來越大。他發現英國長期以來穩定的大宗出口商品——羊毛的質量已日愈退化。他雖然只是一個鄉間的小小紳士，但他決心改變這種狀況。為此，他通過種種努力，終於創立了英國羊毛協會。同時，他還十分注重實踐。他自己花錢，從各個地區進口了八百頭羊。著名的舍韋特羊種也在此時輸入了蘇格蘭地區。南部的牧羊人都譏笑賽克萊這一舉動，認為南方的羊不可能在北方生長繁殖。但賽克萊不為所動。僅僅幾年過去，就有不下於30萬隻舍韋特羊散布在北部各鄉村。土地的載蓄率大大提高。斯考特地區的土地原本一文不值，這下身價猛漲，收回的租金十分可觀。

賽克萊先生在英國議會待了30年，他從不錯過一次會議。他的地位使他能更迅捷地發揮自己的作用，他也從來不放過任何發揮作用的機會。

皮特先生注意到賽克萊在為民眾謀福利方面的非凡才華及其不屈不撓的勇氣，他對此十分佩服。於是他派人把賽克萊請到了道恩區，並爽快地答應提供一切可能的幫助。有人認為賽克萊只想到自身名聲的提升，但他明確表示，他只從內心對皮特先生在幫他創辦國家農業協會所做的努力上衷心感謝，此外再無其它。

亞瑟・傑恩認為賽克萊創辦國家農業協會是水中撈月。他揶揄這位從男爵：「你的國家農業協會只會在月球上存在。」

賽克萊十分果敢地開始行動。他不斷喚起公眾對這個計畫的重視，獲得了大多數有眼力的議員贊同，國家農業協會終於得以成立。他被任命為會長。這協會所產生的巨大作用就不用說了。僅僅它對農業和牲畜飼養業的激勵作用就很快遍及大不列顛聯合王國。成千上萬畝荒瘠的土地一夜之間，變成了產金出銀的良田和牧場。

整個農村一下子呈現出前所未有的欣欣向榮的景象。

同時，賽克萊又致力於創辦水產業。托宿和衛克這兩處著名的水產業的創立無疑也應歸功於他的努力。他為此曾呼籲多年，四處爭取支持。最後他又成功了。一個海港被圈起來，從事水產養殖。這也是世界上最大和最繁華的魚港。

約翰．賽克萊先生把自己的全部精力都投入公益事業。他不甘於安逸享樂的生活，而致力於開創性的事業。他總是揚起希望的風帆，開拓新的航道。

在法軍入侵迫在眉睫之際，民族和國家受到威脅，他又挺身而出，向皮特先生提出用他自己的家產組建一支軍隊。他言必行，行必果，回到北方，立即組織了一支六動人的軍隊。後來，這支軍隊增加到一千人。這支軍隊深受賽克萊先生崇高精神和愛國主義情操的鼓舞，被公認為是最優秀的一支自願軍。

賽克萊除了在阿伯丁擔任這支軍隊的統帥之外，還兼任蘇格蘭銀行董事長、英國羊毛協會主席、英國漁業協會總裁、國家財務署貨幣發行部專員、凱塞尼斯地區議會議員和國家農業協會會長等職。

在繁忙的公務之餘，他還積極從事寫作。他的著述等身，足以使他名留青史。

有一次，美國大使亞當斯來到英國，他問考克大臣，英國最好的農業基地是誰經營的？考克回答，說是賽克萊先生的莊園。後來，亞當斯又問英國財政大臣韋瑟塔特，英國金融方面最大的成就出於何人之手。這位財務大臣當即說：「英國公共稅務制的首創者是約翰．賽克萊先生。」賽克萊先生對整個國家的建設大計籌謀劃策，其建樹之高，由此可見一斑。

賽克萊先生以常人難以想像的毅力勤奮地工作。他不計名利，只求在扎扎實實的奉獻中勤奮耕耘。在不知不覺中，他為自己建立了另一塊不朽的豐碑。這塊豐碑真是令世人驚歎不已。他編寫了一部長達21卷的《英格蘭賬目統計》。

這本巨著耗費了他八年的辛勤勞動，他先後收到和處理的有關信件達二萬餘封。這部著作具有永恒的科學價值和史料價值，出版問世後，立即引起轟動。但這對賽克萊先生來說，不過是盡其愛國之心而已，他早已把名利置諸度外。面對聲譽漸起的自己，他很坦然。他明白，一個人最大的快樂就是能為他人做點什麼，多做了點什麼也是應該的，沒有什麼值得驕傲。相反，應該在這個基礎上更進一步，直至生命終結。他把該著作的全部稿酬分配給了蘇格蘭牧師後裔協會。

《英格蘭賬目統計》一書發表之後，引起了巨大的社會改革。許多壓迫性的封建特權被廢除了，許多教區教師和牧師的工薪得到提高，蘇格蘭地區的農業也得到了更大的促進。賽克萊先生看到這本書對社會的促進作用，十分高興。於是，他公開宣稱，他要花費更多的精力，收集資料，整理出版英國賬目統計一書。不幸的是，坎特伯雷主教擔心這會干擾教會什一稅的獲得，因而不予批准，賽克萊的這一計畫只好流產了。

一七九三年，英國著名的製造業中心曼徹斯特和格拉斯哥由於受戰爭的影響，經濟一直十分蕭條，許多企業破產，銀行倒閉，無數房屋搖搖欲墜，廣大人民的生活十分艱難。當時的情形十分危急，如不火速想出辦法，後果不堪設想。賽克萊在國會中反覆督促議員授權財政署立即向該地區投放五百萬英鎊的貸款。這個建議被採納了。他建議由他與他提名的一些人協同執行這個計畫。這一建議也被批准。在那天深夜，議會才通過這兩個決議。第二天一大早，賽克萊就心急火燎地來到銀行。他以自己的名義做擔保，一次提取了七百萬英鎊，並於當晚分發給那些急需援助的商人。他知道政府部門與銀行的拖沓作風，若不親自督陣，拖延日久，事情就會麻煩多了。他以迅雷不及掩耳之勢完成了這一複雜的任務。

後來，皮特在眾議院召見了約翰·賽克萊先生，告訴他，曼徹斯特和格拉斯哥所需要的鉅額援助實在無法如期籌措到手。

「有關款項經今晚的郵政，將全數離開倫敦。」賽克萊不無高興地回答道。

後來，在敘述這件事時，他高興地補充道：「皮特先生聽了我這句話，像被刺了一般，半晌沒有說出話來。」

這位好人一直為了公眾的利益而愉快地工作著。他為自己的家人和祖國樹立了一個榜樣。他全身心執著於公眾事業，孜孜不倦地追求自己的目標。他所追求的不是他一人或一家的財富。相反，由於他始終站在勞苦大眾一邊，根本無心去顧及自己的家業。他得到了為他人謀利益所換來的快樂和自我滿足，並以此為宗旨，幾十年風雨不變，從為別人創造他所能創造的幸福和快樂中求得上不愧於蒼天，下無愧於大地。

約翰．賽克萊先生也是一位治家訓子的能手。他對子女要求極為嚴格，但不封建。他主張應當讓子女到社會上闖蕩，去謀求自己的發展。望子成龍，此乃天下父母親所共有之心。賽克萊先生望子成龍之心十分迫切，但他從不壓抑孩子們的個性與愛好。他盡一位父親的責任。就像給一棵幼苗提供足夠的陽光和水分一樣，他對孩子們追求學業和事業，總是鼎力相助。使他高興的是，他的兒女們都成了有益於社會的人。

在他年屆八十高齡之時，他樂哈哈地看到他的七個兒子都已長大成人，沒有一個孩子讓他失望。

每一個人總想看到自己的後代成為有益於社會的人。賽克萊先生也有此心願，而且終於如願以償。

第六章

品格的力量

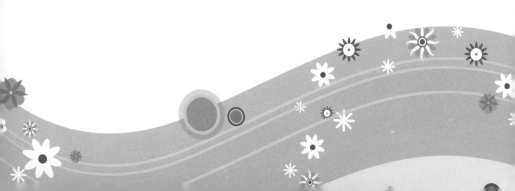

I・品格是一個人最高貴的財產

品格，是人生的桂冠和榮耀，一個人最高貴的財產。它構成了人的地位和身分，是一個人在信譽方面的全部財產。品格，使社會中的每一個職業都成為榮耀，每一個崗位都受到鼓舞。它比財富更具威力，它使所有的榮譽都毫無偏見地得到保障。它伴隨著時時可以奏效的影響，因為它證實了一個人的信譽、正直和言行一致所取得的效果。

一個人的品格，比其它任何東西都更顯著地影響別人對他的信任和尊敬。

品格是人性最好的形式。它是道德規範在個人身上的體現。有品格的人不僅僅是社會的良心，而且，在任何一個好政府的國度裡，他們都是社會的動力和民族的脊梁，因為主宰世界的主要還是道德品質。即使在戰爭中也是如此。拿破崙曾經說：「道德的力量比物質的力量強大10倍。」

一八〇一年，坎寧極有見地地寫道：「我的人生之路必定是通過自己的品格獲得權力。此外，我不會嘗試其它途徑。我對這條道路充滿自信。它雖然不是最快的捷徑，但它最靠得住。」或許你會崇拜有才智的人，但是，在你信任他們之前，他們必須做一些事情取信於你。因此，約翰·羅素爵士以深刻的洞察力指出：「在英國，向天才人物請求幫助，聽從品格高尚者的教導，這是一條根本的原則。」

弗蘭西斯·霍恩的一生就極有說服力地證明了這一點。悉尼·史密斯指出：「霍恩將會風範長存，名垂青史。」科克本爵士評論道：「他的一生散發著耀眼的光芒，他的精神將感召每一個心地正直的年輕人。他在38歲時英年早逝。他在公眾中比任何人都更有聲望。除了那些鐵石心腸和卑鄙齷齪的人以外，所有人都尊敬、愛戴、信任和哀悼他。死去的議員從沒有人像他這樣獲得議會的尊敬。」

現在，每一個年輕人或許會問：霍恩為什麼獲此殊榮？是因為他高貴的出身嗎？但他只不過是愛丁堡一個商人的兒子。是因為他巨大的家產嗎？他和他的家人除了勉強維持生計外別無它物。是因為他的職位嗎？他只是一個議員，而且僅僅幹了幾年，沒有任何影響，工資也極為微薄。是因為他出眾的才華嗎？他並不特別優秀，也沒有任何天才。他慎重穩健，惟一的目標就是不出錯。是因為他雄辯的口才嗎？他語調平緩，耐人尋味，沒有任何誇張的威嚇或勸誘。是因為他高雅的舉止嗎？他只不過是行動正確，待人親切罷了。

那麼，究竟是因為什麼？只是因為他的見識、勤勞、嚴格的自律和善良的心地，這些品質，許多人望塵莫及；是他不同凡響的人格力量，這種人格不是先天的稟賦，不是由什麼特殊的元素構成，而是他通過後天的努力形成。在參議院中，比他更具才華、更有雄辯口才的大有人在。但是，在道德品質各方面的組合中，無人可與他匹敵。

霍恩的一生表明，除了通過文化和慈善事業產生影響之外，還可以通過其它各種途徑影響社會。即使在公共生活的競爭和嫉妒中，這種影響也不可抹煞。

富蘭克林也把自己身為一個社會名流的崇高聲望，歸因於他性格的正直、誠實，而不是他的才能或口才，因為他自認為在這些方面只是一般。因此，他說：「正直、誠實使我在人們中間享有聲望。我口才很差，根本談不上雄辯；遣詞造句還猶豫不決，很難正確地使用語言。不過，我還是能清楚地表達自己的意思。」

和地位低微的人一樣，對地位很高的人來說，個性使人產生信心。據說俄國沙皇亞歷山大一世的個動力量抵得上一套法律制度。在佛朗德戰爭期間，蒙田是惟一不關上城堡大門的法國紳士。據說，蒙田的人格力量比一個騎兵團更有效地保護了他的家園。

「人格就是力量。」從一種更高的意義上說，這句話比「知識就是力量」更為正確。沒有靈魂的精神、沒有行為的才智、沒有善行的聰明，雖說也會產生影響，但是，它們都只會產生壞的影響。

誠實、正真和仁慈，這些品質並不是與每個人的生命息息相關，但它是一個人品格的最重要層面。正如一位古人所說：「即使粗衣少食，品格也先天地忠實於自己的德行。」具有這種品質的人，一旦和堅定的目標融為一體，他的力量就可驚天性地，勢不可擋。他有能力實施善行，抵制邪惡，忍受各種困難和不幸。

當史迪芬落入卑鄙地加害於他的人手中時，他們帶著嘲諷的口吻問他：「現在你的堡壘在哪裡？」

「在這裡。」史迪芬把手放在心窩上，勇敢地說。

正是在不幸的環境中，這位正直之人的個性閃爍出最耀眼的光輝。在其它各方面都已遭致失敗，但他憑著自己的正直和勇氣傲然屹立。

艾斯肯爵士是一個獨立性很強、小心謹慎又堅持真理的人。他的行為準則值得每一個年輕人銘刻在心。他說：「我早年的第一條行為準則是，做我的良心告訴我那是我的職責的事，把後果留給上帝去考慮。父母給我的教導我至死不忘，我相信他們從實踐中得出的經驗。對此，我一直在實際生活中嚴格遵循。我沒有任何理由去抱怨這種順從是一種犧牲。相反，我發現他們指給我的是一條通向幸福和富貴的道路。我也應該給我的孩子指出一條同樣的成功之路。」

每個人都會把擁有好的品格視為人生的最高目標之一。好的方法是使他獲得努力之動力的保證；而剛毅的思想觀念作為一種向上的因素，使他的動機保持穩定並受到刺激。人生最好是定出一個較高的目標。這並不是每個人都能認識到。狄斯雷里先生指出：「不向上看的人往往向下看。精神不能在空中翱翔，就注定要匍匐在地。」喬治．哈伯特極有見地地寫道：「職業低下的人如果把目標定得高，他也可以成為一個高尚的人。不要讓精神消沈！一個壯志凌雲的人肯定比一個胸無大志的人有出息。」

一個具有崇高目的和思想目標的人，毫無疑問，會比一個根本沒有目標的人更有作為。有一則蘇格蘭諺語說：「扯住金製長袍的人，或許可以得到一隻金袖子。」那些志存高遠的人，所取得的成就必定遠遠高於起點。即使你的目標沒有完全實現，你為之付出的努力也會讓你受益終生。

在生活中有許多虛假的性格。不過，人們並不難對之加以識別。一些人知道品格的金錢價值，他們會為此弄虛作假，達到自己不可告人的目的。

克羅尼．克托雷斯曾經對一個以誠實正直著稱的人說：「我願意以一千英鎊換取你的美名。」

「為什麼？」

「因為我可以用它賺一萬英鎊的利潤。」這個流氓回答。

誠實正直的言行是個性的脊梁，而對誠實正直持之以恒則是它最顯著的特徵。

羅伯特．皮爾勳爵是一位偉大的政治家。在他死後幾天，威靈頓公爵談到了他的品格：「爵士閣下們：你們都感受到了羅伯特．皮爾先生崇高可敬的品格。我和他共事多年，我們兩人都在議會工作，是多年的朋友並且私交甚篤。在我們的相處中，我深深感受到了他的真誠和公正。他一直致力於公共事業的改善與提高。他是我最為信任的朋友。在我的一生中，我從來沒有對他的一言一行表示過懷疑。」這正是這位忠誠的政治家贏得巨大影響和權力的祕密所在。

2．行動和語言都必須誠實

對正直的個性來說，行動的誠實和言語的誠實同樣至關重要。一個人必須言行一致，表裡如一，不輕易變更自己所做的決定。

一個美國紳士對格蘭威爾．夏普的德行佩服得五體投地，他把自己的兒子也取名為夏普。他把這件事告訴夏普。夏普回信說：「我懇請你把我們家庭的家訓教給你的兒子——按照你所希望的目標努力奮鬥。這則家訓是我父親教給我的。我的祖父在生活中小心翼翼地實踐這一訓示。他是一個普通而誠實的人，真誠成了他在公共場合和個人生活中最主要的品格。」每一個尊重自己和別人的人，都會在行動中嚴格遵循這一格言。把高尚的品格融入自己的工作之中，認真細緻地做好每一件事，他就會為自己誠實正直的良心感到自豪。

有一次，克羅威爾對一個聰明又不擇手段的律師伯納德說：「我知道你近來的行為非常小心。對此，你不要過於自信。敏銳可能會欺騙你，正直就不會。」那些輕諾寡信的人決不會得到任何人的尊重，他們的言語必然失去分量。即使他們說出的是真理，也被他們的品格扼殺了。

不管是在有人的場合，還是在無人的場合，一個真正有良好品行的人都會正確地行事。有一個受過良好教育的男孩，當有人問他，在沒有人在場的情況下，為什麼不拿一些珍珠放到自己的口袋裡。他回答：「不！有人在場……我自己在看著我自己呢！我絕不會讓自己去做一件不誠實的事。」這是一個關於紀律和良心的簡單而恰當的例子。

紀律和良心，在品格中居於主導地位，起著支配作用。在實踐中，它們使人格受到了捍衛。它們對於生活不只是消極被動地去影響，而且有著強有力地規範作用。這種紀律在日常生活中每時每刻都在塑造著人的品格，並且，這種時刻發生作用的力量會日益強大。沒有這種主導力量的影響，品格就失去了自己的保護傘，面對斑駁陸離的誘惑，就時時有叛變失節的危險。

任何一種誘惑都可能使人屈服，做出卑鄙或不誠實的事。不管程度多麼輕微，都將導致自我墮落。這種墮落並非取決於你的行動成功與否，並非取決於你的行動被人發現與否，你不再是從前的你，而成了一個罪人。你會時時感到不安寧，時時自責，或是受到良心的責備——成為一個罪人是你不可逃避的命運。

3・讓良好的品行成為習慣

或許我們可以感覺到良好的習慣對性格的強化和支持所產生的巨大作用。我們曾經說，人擁有很多習慣，而習慣是人的第二天性，是讓一個人的行為舉止和思想多次重複所產生的結果。

麥塔斯塔索堅持認為：「人類的所有東西都是習慣，品行本身也不例外。」巴特勒在他的《類比》一書中強調了自我約束和抵制誘惑的重要性，說是一個人若養成了品行方面的習慣，最後就易於樂善好施，而不會屈服於邪惡。他說：「屬於感官的習慣是由外部行動所產生，而屬於精神的習慣是由內在的實際目標所產生，轉化為行動，或是按照順從、真誠、公平和仁慈的原則去行動。」

布魯姆勳爵也多次強調了青年時期進行訓練和榜樣作用的重要性。使節酒成為一種習慣，酗酒就是可憎可恨的；使節儉成為一種習慣，揮霍浪費就是有悖於個人生活的行為規範。因此，在生活的道路上，小心謹慎和時刻留意，以防養成任何惡

習，這是十分必要的。一旦個性向誘惑屈服一次，它就會變得極為脆弱，失去抵抗力。在此，一條原則要成為決不動搖的堅定信念，需要長年累月的訓練。

習慣一旦形成，它就會自然而然地發生作用，無需你的努力。只有在你違背習慣行事的時候，你才會感覺到它的力量。一件事做了一次、二次，你就會發現它變得容易，做起來得心應手。一開始，習慣似乎不會比一張蜘蛛網結實多少。但是，一旦形成，它就像一條鐵鏈般牢不可破。人生中瑣碎的小事，單獨看，可能微不足道，就像從天降落的雪花，一瓣接著一瓣。然而，這些雪花積累起來，就形成了雪崩。

自尊、自助、勤奮、熱情、正直，所有這些都是一種習慣，而不是人的信仰。事實上，原則，只不過是我們給習慣的別名，因為原則是一些詞句，習慣卻是事情本身。如慈善家和獨裁者，是相應地根據他們的行為是善良還是邪惡做出劃分的。因此，待我們年事已高，我們的行動可以做到從心所欲而不逾矩，這是習慣使然。因為我們已把自己編織進習慣的鏈條之中。

事實上，對年輕人進行教育訓練，使之養成良好的習慣，這種重要性是怎麼樣強調也不過分的。年輕時，習慣最容易形成；而且，一旦形成，終生難變。這就像刻在樹皮上的字母，隨著時間的推移，它們會變大變寬。「對一個小孩，按照他應該走的道路，從小進行訓練，到了老年，他也不背離。」他會自始至終地堅持。人生之路的起步決定了他的方向，決定了他的整個旅途。

柯林伍德勳爵對一個他喜愛的年輕人說：「記住，在你25歲之前，你必須養成自己的個性。它會為你終生服務。」隨著年歲的增長，習慣的力量越來越強大，人的個性也就慢慢形成，任何新的轉變都越來越困難。因此，改變一種習慣比學習一種習慣往往艱難得多。也正由於這個原因，一位希臘長笛演奏家向那些曾經師從低級樂師的學生索要雙倍的學費。或許，這個理由是正當的。

根除原有的習慣比拔掉一顆牙痛苦得多，困難得多。試圖去改變一個懶惰成性、揮霍浪費或嗜酒如命的人，在多數情況下都難免失敗。因為在每一個事例中，習慣已經成了他們生活中不可分割的組成部分，很難根除。

甚至連幸福本身也可以成為習慣。有的人習慣於看到事物好的一面，有的人則習慣於看到陰暗面。約翰遜博士指出，看到事物好的一面這種習慣比每年獲得一千英鎊的財富有價值得多。在很大程度上，我們有能力去實施那些可以創造幸福和改善生活的目標，而不必去考慮它們的對立面。通過這種方式，我們可以養成思考讓人快樂思想的習慣，正像養成其它習慣一樣。讓孩子在這種快樂的天性、溫和的性情和愉快的心境中長大，在多數情況下，或許比教給他們許多知識、讓他們取得許多成就更為重要。

窺一孔而知全豹。一件細小的事，可以揭示一個人的性格。事實上，性格存在於每個人的一舉一動中，通過它們體現出來。日常生活就是從我們建造起來的性格這個寶庫中挖掘寶藏，就是鍛造形成我們性格的習慣。對性格最好的測試是我們待人接物的方式。對待長輩、晚輩和平輩的優雅舉止是我們快樂的源泉。它能使別人感到快樂，因為他們的人格受到了尊重。但它帶給我們自己的是十倍於此的快樂。

在很大程度上，每個人都可以通過注重自我修養，獲得優雅的舉止，就像在其它方面一樣。即使一個人身無分文，只要他願意，他仍然可以成為一個舉止文明、態度友善的人。在社交場合中和藹可親，就像悄無聲息的燈光的影響一樣，使一切東西都自然地帶上色彩。它比大聲喧嘩和力氣過人更有影響，更有成效。這種影響是潛移默化而又深入持久的，就像春天裡的水仙在嚴寒中生長，慢慢地驅走了寒冷。

哪怕是友善的一瞥，也能給人帶來快樂、幸福。在羅伯特遜給布萊頓的信中，他談到一個與他有關的女人：「星期天，我從教堂走出來，看到一個貧困的女孩從身旁經過。我友善地瞥了她一眼。她非常高興，眼睛裡充滿感激的淚水。這對我是多麼生動的一課啊！原來幸福是如此廉價就可以給予！我們錯過了多少可以做一個天使的機會呀！我記得我做完之後，充滿了感傷。回家以後，並沒有多想此事。匆匆一瞥，給一個人的生活帶來了片刻的陽光，也給不堪生活重負之人的心靈帶來片刻的輕鬆。」

使人類生活絢麗多姿的道德和禮貌比作為它們的表現形式的法律重要得多。法律在各方面對我們進行約束，禮貌則無處不在，充盈著社會，就像我們呼吸的空氣一樣。我們所說的有禮貌和行為規矩同等重要。有禮貌是由親切和友善構成。仁慈是人與人之間各種相互友好和快樂交往的最重要因素。如果我們任憑天性去友好地行動，遠離一切矯揉造作和陰謀詭計，這個社會就會到處歡聲笑語，人人幸福快樂。如果我們讓生活做一點點改變，每個人都表現出一點內在的價值，變得禮貌殷勤些，這一點點禮貌殷勤就會因為重複出現和不斷積累，獲得十分重大的意義。這就像空閒的幾分鐘，或一天的極少部分，在一年或一生中把這每天的幾分鐘積累起來，數量就極為可觀了。

4・禮貌為行為增添光彩

說句友善的話或做件友善的事，依其所採用的方式，可使它們本身的價值大大增加。極不情願做下的某件事，或者以高高在上的恩賜態度完成的舉動，很少人會把它們當作恩惠接受下來。然而，有人卻為自己的生硬態度洋洋自得。雖然他們有德行，並且有能力，但是，他們的態度使得他們的德行和能力讓人難以接受。一個人雖說並未牽著你的鼻子侮辱你，但他經常傷害你的自尊心，說些讓你不愉快的話並以此得意，如果讓你去喜歡一個這樣的人，這恐怕是難如登天的事。還有一些人，他們抱著可怕的優越感施惠於人，決不放過哪怕是一個極小的機會表現自己的偉大。

阿伯尼沙為競選聖・巴塞羅繆醫院外科辦公室主任拉選票，就去看過這樣一個人。這個人是一個有錢的雜貨商，也是個政府官員。他坐在櫃檯後面，看到阿伯尼沙走進來，立即擺出一副高高在上的架子，準備讓這位外科醫生懇求自己的選票。

「我想你是希望得到我的選票，先生。這對你的生活可是具有劃時代的意義啊！」阿伯尼沙最討厭吹牛的人，他被這個商人的腔調激怒了，因而回答道：「不！我不需要你的選票。我需要一便士的無花果。動作快一點，把它包起來！我還有急事！」

禮貌方面的修養對一個在商務活動中偶爾和別人談判的人來說，是必不可少的。當然，繁文縟節太多，未免帶有紈袴子弟的浮華之氣，而且顯得愚蠢。平易近人和良好的教養，被認為是在每個崗位取得成功的人所必不可少的品質，它能使人擴大生活圈子。因為我們常常發現，缺少禮貌者的勤勞、正直和誠實的品格，在很大程度上也被化為烏有。

毫無疑問，有些人確有極強的包容心，他們可以容忍別人的缺點和畢露的鋒芒，而更多地看到別人真正可貴的品質。但是，世界上的大部分人並沒有如此寬容，他們形成對某人的看法和印象，主要是根據這個人的外部行為。

真正的禮貌還表現在充分考慮別人的意見。獨斷論者往往傲慢至極，狂妄逞能。這種品質的最壞形式是可想而知的，那就是固執己見、自以為是和傲慢無禮。人們應該聽聽不同的意見、觀點。遇到相反的意見時，我們應該忍耐、忍耐再忍耐。自己的意見若不被別人接受，我們完全可以心平氣和地保留各自的意見，用不著大吵大鬧，態度生硬，甚至傷害別人。在某些情況下，言語的傷害極大，而這種創傷比肉體的創傷更難以醫治。

為了論證這一觀點，我們引用一則很有教育意義的小寓言。這則寓言是一個在沃爾什邊界傳教的福音派信徒聯盟的巡迴教士講出來的。他說：「在一個大霧迷漫的早晨，我走向一座大山時，看見山邊上有一個什麼東西在緩緩移動。它的樣子非常奇怪。我想，那一定是一隻猴子。可當我走近一點時，看出了他是個人。當我接近他時，我發現他竟是我的弟弟。」

那種發軔於正直之心和友善的情感同與生俱來的禮貌一樣，與一個人的地位和職業毫不抵觸。和牧師或貴族一樣，製造板凳的機械工人同樣可以擁有禮貌。禮貌與工作環境沒有內在的聯繫。在任何情況下，人都不應該粗魯或鄙俗。許多大陸國家那種把各個階層的人區分開來的禮貌和品質，我們或許可以具備，而且用不著犧牲自己身為人的優秀品質。當然，隨著文化的提高和社會交往的擴大，這些大陸國家的禮貌和品質也正慢慢地為我們所擁有。

然而，世界上從來不存在一個天生的紳士。他們只不過是一個偉大靈魂的主人。偉大的靈魂不僅僅存在於穿著鑲花邊大衣的貴族身上，同樣可以在穿著灰色手織粗布衣服的農民身上展現出來。

羅伯特・彭斯有一次被一個愛丁堡血統的年輕人帶到大街上，要他去辨認一個誠實正直的農場主。彭斯大聲說：「你會對這個外表看來像蠢漢的人極感興趣。我說的不是大衣、無邊圓帽、緊身褲和便鞋，但這個人的穿戴就是這樣。先生，這個人的實際價值有一天會超過你我，甚至十倍於你我。」

對於那些不能看到人的靈魂的人來說，一個具有偉大靈魂的人也只是其貌不揚的普通人。但是，在那些心地正直的人看來，性格往往有著自己醒目的標誌，能使一個人鶴立雞群，與眾不同。

5・真正的紳士應該具有的品格

威廉和查爾斯・格蘭特是英維里斯郡一個農民的兒子。一場突發的洪水毀了他們的家園，淹沒了他們所有的耕地。

這位農民和他的兒子們面對茫茫世界，不得不做出何去何從的選擇。在走投無路的情況下，他們一路南下，到了蘭開郡的伯里，想在此找一份工作。

站在沃姆斯利附近的山巔，可以俯瞰一片遼闊的疆域，可以看見艾威爾河蜿蜒曲折地流經山谷。他們在這裡人生地不熟，不知道該走哪一條路。他們拿起一根木棍拋向空中，決定按照木棍落下的方向前進。

根據木棍指示的道路，他們來到並不遙遠的拉姆斯波林村莊，然後在一家印刷廠找到了工作。在這裡，威廉當了一名學徒。他們以自己的勤奮、節儉和特別的正直，贏得了老闆的信任和賞識。他們對工作勤勤懇懇、兢兢業業，一次又一次地受到提拔。最後，威廉兄弟倆自己開辦了工廠，當上了老闆。經過多年的辛勤勞動、艱苦創業和樂善好施，他們發財致富了，並且聲譽卓著，受到每一個認識他們的人的尊敬和愛戴。他們的棉花廠和印刷廠為許多人創造了就業機會。

他們的勤勉為艾威爾河流域的人做出了表率，使得周遭地帶到處充滿了活力、歡樂，到處是一派繁榮富裕的景象。他們把自己的巨大財富慷慨地運用於一切有價值的事業，他們建立教堂、興辦學校，採取各種辦法提高工人階級的福利待遇。

後來，為了紀念他們早年決定生活去向的事情，他們在沃姆斯利附近的山頂建了一座巍峨的高塔。格蘭特兄弟因為他們的仁慈和善行而聞名遐邇。

據說，狄更斯先生對他們的事蹟極為關注，並且留下了深刻的印象。他在描寫查雷伯兄弟的性格時，就是以格蘭特兄弟為原型。

我們可以從許多相類似的奇聞逸事中援引一則，以說明我們對格蘭特兄弟的品格決沒有半點浮誇。

曼徹斯特有一個批發商出版了一本非常低級下流的小冊子，意在詆毀格蘭特兄弟的公司。他給威廉取了一個極為不雅的綽號「比利紐釦」。有人告訴威廉，說有這麼一本小冊子。威廉說：「這個人將來會為此後悔的。」有人把威廉的回應轉告那位誹謗者。他說：「哦！威廉認為有一天我會落到他手中，成為他的債務人。我得格外小心！」

然而，商人往往預想不到誰會成為自己的債權人。事情果真發生了，格蘭特兄弟的誹謗者破產了。如果他得不到格蘭特兄弟簽名的執照，就不能把生意再做下去。到格蘭特的公司去請他們兄弟幫忙似乎是希望渺茫。但是，家庭的緊急情況迫使他不得不硬著頭皮去走一遭。因此，他出現在被他稱為「比利紐釦」的這個人面前，向他講述了自己的情況並提出自己的申請。

格蘭特先生說：「你曾經寫過一本誹謗我們的小冊子，是吧？」

這個懇求者以為他的申請書會被扔進火裡，格蘭特會拒絕給他的執照簽名。但是，格蘭特把執照遞給他，對他說：「我們有這樣一條規矩，從不拒簽一個誠實商人的執照。我們還沒有聽說你幹過什麼壞事。」這位誹謗者眼裡充滿了淚水。

格蘭特先生繼續說：「嗯！我曾經說過你會為寫了那本小冊子而後悔。我並不是威脅你，只是說有一天你會對我們多一分瞭解，從而為試圖傷害我們而後悔。」

「是的，我確實後悔了。我不該那樣做！」

「好了，好了！現在你對我們多了一點瞭解。不過，你的生意怎麼樣？我是說，你準備怎麼做？」

這個可憐人回答說，拿到執照後，他的朋友會幫助他。

「但是，你怎麼履行合約呢？」

這人回答說，他現在已身無分文，全部給了債權人。現在對必需的日常用品也不得不嚴格限制，以便能夠支付辦理執照所需的費用。

「朋友，這可不行！你的妻子和家人可不能這樣遭罪。把這張10英鎊的支票帶給你妻子吧！拿著，拿著！不要哭了，一切都會好起來的。振作起來，努力去工作！你會成為我們之中最優秀的商人。」

這位被深深感動了的商人聲音哽塞著，想說一句話表達內心的感激卻說不出來。他手捂著臉，像個小孩一樣，抽泣著走出了房子。

真正的紳士是一個最高典型。紳士是一個偉大又古老的稱號，在人類社會的任何時代，它都是地位和權力的象徵。「紳士總會是紳士！」一位法國老將軍在羅綏倫對蘇格蘭貴族集團說：「在別人需要的時候和危機關頭，他都會挺身而出。」擁有這種品格本身就是一種尊嚴，它會贏得每一個慷慨的心靈本能的尊敬。那些不屈服於高官厚爵的人也會對紳士表達出發自內心的敬意。

紳士的品質不取決於他的生活方式或舉止，而取決於他的道德價值；不取決於他個人財產的多少，而取決於他個人品質的好壞。讚美詩作者對紳士的簡短描述：「他走路目不斜視，工作誠實正直，說話誠心誠意，坦蕩磊落。」

紳士的顯著特徵在於他具有極強的自尊。他非常注重自己的品格。並不僅僅是因為別人看重他的品格，而是因為自己看重它，自己監視著自己。而且，正是因為自己尊重自己，根據同樣的法則，他也尊重別人。在他的眼中，人性是神聖的。因此，人與人之間必須有禮而寬容，友愛又仁慈。

據說，愛德華．弗茲勞德爵士在加拿大觀光旅遊時，和印第安人一起漫步。他看到一位印第安妻子背著一個沈重的包裹，在她的丈夫身後吃力地行走，她的丈夫卻全無負擔。他非常震驚。他立即走過去，把背包放到自己肩上。這就是一個真正的紳士與生俱來的禮貌。

真正的紳士有著極強的榮譽感，他小心謹慎，決不做出卑鄙齷齪的行動。無論是在言語方面，還是在行動方面，他都表現得極為誠實、正直。他不會支支吾吾或搪塞敷衍，不會尋找托詞或逃避責任，而是表現得誠實、正直，毫無掩飾。他的原則就是誠實正直，按章辦事。當他說「是」的時候，這就是一條法律；在適當的情況下，他也會勇敢地說「不」。即使有人用重金籠絡，他也決不會出賣自己，接受賄賂。只有那些心靈骯髒，毫無原則的人才會出賣自己的靈魂。

在正直的瓊納斯．霍華德擔任海軍糧食儲備委員會特派專員期間，他拒絕了一個締約人各種形式的禮物。拒絕是他在擔任公職期間一種經常性的行為。

威靈頓公爵也具有與此相同的優秀品質。阿塞亞戰役結束不久的一天早上，海得拉巴朝廷的首相等待威靈頓的接見。他想弄清，在馬拉他的王子與尼薩簽訂的和平條約中，為他的主子保留了哪些地盤和特權。為了獲得這些情報，這位首相給威靈頓將軍提供了大量錢財，大約10萬英鎊。威靈頓默不做聲地打量了這位首相一會，然後說：「你能保守祕密嗎？」

「當然！」這位官員說。

「那麼，我也能保守祕密。」這位英國將軍滿臉笑容，然後很客氣地把這位首相送了出去。雖然他在印度取得了徹底的勝利，並且通過這種方式，可以得到巨大的財富，但他一文不取，仍然是兩袖清風地回到英國。這是他至高無上的榮耀。

威靈頓的親戚韋爾斯利侯爵也具有同樣敏銳和精神高尚的品格。在征服米索之後，東印度公司的領導送給他10萬英鎊，被他嚴正拒絕。他說：「我不必說我獨立的個性，也不必說我職務的尊嚴。除了這些重要的考慮外，還有其它原因使我拒絕了這些饋贈。這對我來說是不合適的。我只為我的軍隊打算，再別無它求。如果我剋扣軍餉，我會對自己感到沮喪和失望。」

查爾斯．納皮爾勳爵在印度的公職生涯同樣展示了他自我克制的高貴品質。他拒絕了巴巴拉克王室送給他的所有珍貴禮物。他說：「自從來到印度以後，如果我貪贓枉法，或許已得到了三萬英鎊的財富。但是，我是清白的。我那敬愛的父親的寶劍，我已兩度佩帶著上戰場（米尼戰役和海得拉巴戰役），絲毫沒有被玷污。」

金銀珠寶和高官厚爵與真正紳士的品格沒有任何必然的聯繫。一貧如洗的人可能在精神上、在日常生活中成為一個真正的紳士。他可能誠實、磊落、正直、禮貌、節制、勇敢、自尊和自助。也就是說，他是個真正的紳士。

一個在精神上富有的窮人，無論如何，比一個在精神上貧乏的富人要佔有絕對的優勢。借用聖．保羅的話說：前者是「一無所有，但無所不有」；後者卻是「無所不有，其實一無所有」。前者是凡事充滿希望，無所畏懼；後者是無所希望，凡事畏懼。只有精神貧窮的人才是真正的貧窮。

一個失去了一切的人，只要他還保有勇氣、快樂、希望、美德和自尊，他就仍然富有。因為這樣的人仍然受到世人的信任。他的精神成了賺錢的資本，大可以抬頭挺胸。他是一個真正的紳士。

勇敢和紳士的品格偶爾也會在最低職業的人身上體現出來。這裡有一個古老但極有教育意義的事例。很久以前，埃迪加河突發大水，河水漫過了兩岸，維羅納大橋也被沖垮。橋中心的拱頂上有一幢房子，房子裡的居民從窗戶裡向外呼救。眼看房基就要被沖垮了，站在河岸上的斯坡爾維尼伯爵對周圍的人喊道：「誰願意冒險去救那些可憐的人，我將給他一百個金路易。」一個青年農民從人群裡走出來，把一隻船推入急流。他把船靠住橋墩，把那一家人接入船中，然後奮力向河岸划去，把這一家人安全地送上了岸。「勇敢的年輕人，這是你的錢。」伯爵說。「不！」年輕人回答：「我不會出賣我的性命。你把錢給這個貧困的家庭吧！他們確實需要錢。」雖然這個年輕人只是個農民，但他說出來的正是紳士的真正精神。

不久以前，即一八六六年一月十一日，在多佛爾海峽船舶停靠處發生的一部分小木船船員營救一艘煤船船員的事蹟，也十分感人。

一場突然從東北而來的風暴把幾艘輪船的錨扯脫了，並且掉入水中。巨大的海浪把其中一艘煤船推向離海岸很遠的地方。面對如此狂風巨浪，那艘煤船想靠近海岸似乎已毫無希望。沒有絲毫誘因可以使岸上的船員甘冒生命危險去救船或救人，因為在那艘船上沒有一點值錢的東西可以找到。但是，在此緊要關頭，那些勇敢正直的木船上的船員根本沒有想到錢。面對那艘煤船的擱淺，西蒙．普利策德，屬於聚集在岸邊的許多人中間的一個，毫不猶豫地登上自己的船並大聲喊道：「誰願意和我一起去救人？」「我去！」「我也去！」立即有20個人走上前來。但是，只需要七個人就行。

在岸上人們的歡叫聲中，他們划著一隻方頭平底船在浪尖上顛躍前進。這樣一隻船怎麼能在翻騰的海水中行駛，這似乎真是個奇蹟。不過，幾分鐘裡，在這些勇敢的船員粗壯有力的胳膊撐划下，這隻木船箭一般靠近那艘擱淺的船。「到浪尖打來的時候使力！」這隻木船離開船岸不到一刻鐘，煤船上的六個船員就把船安全地開進了沃爾默海濱。

在這一事例中，木船上的船員所表現出來的大無畏的英雄氣概堪稱無與倫比，雖然他們素來就以勇敢著稱。在這裡，能把它記載下來，我們感到十分榮幸。

特恩巴爾先生在他的著作《奧地利》中，講述了一件奧皇弗蘭西斯的軼事，說明了一個來自政府的習俗，因為它向人們展示了皇帝的個人品質。「有一次，霍亂在維也納地區流行。皇帝帶了一名隨從武官在城市和郊區視察。忽然，他看見一具屍體放在擔架上，被拖向墳地，後面竟然沒有一個哀悼者。這種非同尋常的情況引起他的注意。經過詢問，他獲悉這個可憐的人死於霍亂。因為給他送葬很可能會感染霍亂，所以親戚們都不敢冒險送他去墓地。弗蘭西斯說：『那麼，讓我們送他去那個地方吧！我的臣民不能在沒有得到最後一次致敬的情況下就葬入墓地。』他緊隨著屍體到了遙遠的墓地，摘下帽子，必恭必敬地站立著，參加了葬禮儀式。」

或許這是一個揭示紳士品質的極佳例子，我們可以把它和另一個同樣感人的事例聯繫起來。這件事，幾年前登載在一份晨報上，講述的是巴黎的兩個鐵路工人。「一天，一輛靈車載著一副裡面有一具冰涼的屍體的白楊木棺材，開往蒙特馬特墓地。後面沒有一個人送葬，甚至連一條狗也沒有，如果這個死者有狗的話。那天下著大雨，天氣很陰暗。和往常一樣，看到靈車來了，過路者都舉起自己的帽子。事情就是這樣。最後，靈車經過兩個英國鐵路工人面前。他們倆剛從西班牙來到巴黎。這兩個穿著粗布衣服的人心中湧起一種異樣的感情。『可憐的人啊！』其中一個對另一個說：『沒有一個人為他送葬……我們兩人去吧！』於是，兩人都摘下帽子，光著頭跟在這位陌生死者的後面，走向蒙特馬特公墓。」

紳士最重要的素質是真誠，因為真誠是「人性的頂峰」，是正直之靈魂的活動。徹斯特菲爾德勳爵認為，真誠可使一個人成為紳士。

關於讓囚犯以宣誓換取釋放的問題，威靈頓公爵的這項提議遭到凱勒門的強烈反對。這位駐軍伊比利亞半島的將軍寫信給凱勒門。信中說，對一個英國官員來說，除了勇氣以外，如果還有什麼可值得他引以為驕傲的地方，那就是他的真誠。威靈頓寫道：「一個英國官員若發誓不逃跑，他肯定不會違背自己的誓言。相信我，也相信我的話。一個英國官員的話比哨兵的看守更有保障！」

真正的勇敢和豪爽俠義緊密聯繫。一個勇敢的人往往慷慨大方又寬厚仁慈，決不會睚眥必報、冷酷殘忍。約翰·富蘭克林爵士的朋友巴利在評價他時指出：「他這個人從來不會逃避危險。但是，當他溫柔的時候，連一隻蚊子也不趕走。」在西班牙的艾爾博登發生的騎兵格鬥中，貝阿德，這位法國軍官，展現了他良好的性格特徵——真正寬厚和崇高的精神。貝阿德舉起劍，準備襲擊菲爾頓・哈維勳爵。但是，他發現自己的敵人只有一隻手，立馬停住。他把劍丟到菲爾頓勳爵面前，然後帶著深深的敬意離去。

同樣是在伊比利亞半島戰爭中，尼萊也表現出高貴的品質和寬厚、仁慈。在克羅納地區，查爾斯・納皮爾身負重傷，不幸被俘。他的朋友都不知他是死是活。英軍派出一個特使，帶著一艘護衛艦去查明他的下落。使節巴倫・克羅特到達敵營，向尼萊說明來意。「讓這位俘虜會會他的朋友。」尼萊說：「告訴他的朋友他很好，在這裡受到特別的禮遇。」克羅特在那裡躊躇徘徊。尼萊看見了，微笑了一下，問道：「他還需要什麼？」「他有一位年事已高的母親，還有一位雙目失明的妻子。」「是這樣嗎？那麼，讓他自己回去告訴他的妻子他還活著。」在當時，兩國之間相互交換俘虜是被禁止的，尼萊知道自己放走這位年輕的英國軍官，可能會惹怒拿破崙皇帝。但是，拿破崙對尼萊的寬厚行為大加讚賞。

儘管我們時常聽到人們對騎士風範一去不復返哀歎不已，但是，在我們這個時代，還是經常可以看到勇敢和寬厚仁慈的事蹟。這其中所表現出的自我克制的英雄氣概和豪爽俠義的仁慈，都堪稱無與倫比。最近幾年發生的一些事，更足以表明我們的國民並沒有墮落、退化。

在荒涼的西巴斯托普高原，困在危險的戰壕裡，頂住了12個月的圍攻，每個階層的人都無愧於自己祖先遺傳給他們高貴品格。發生於印度的這場偉大的考驗中，國民的品質放射出最璀璨的光輝。在考恩坡，尼爾的急行軍，在羅克盧，哈維洛克的急行軍，軍官和士兵都急於營救婦女、兒童。這些事件，歷史上的騎士行蹟也難以望其項背。奧拉姆是哈維洛克的上司，但他把領導攻打羅克盧的榮耀給了哈維洛克。僅僅這一行為，就足以表明他確是無愧於「印度的貝阿德」這一稱號。具有勇敢和寬厚之精神的亨利．勞倫斯，他臨終前的最後一句話是：「不要讓我留下任何混亂，讓我的精神連同我的肉體一起埋葬。」

科林．坎貝爾勳爵急於營救被包圍在羅克盧的部隊，他晚上帶著大隊婦女、兒童從羅克盧到考恩坡，結果在敵人的強烈攻擊下完成了任務。一路上，他帶領他們穿過危險萬分的大橋，沒有片刻停止，好告誡他們要注意的事項，直到把他們安全地送到阿拉哈巴德大道。然後他又帶領小分隊，閃電般出現在加利爾。這樣的事讓我們為我們的國民感到自豪，也使我們確信那種與日月同輝的騎士精神並沒有死去，它還充滿生機地活在我們之中。

即使普通士兵，也可以在血與火的戰爭洗禮中證明自己是一個紳士。在阿高拉遭遇戰中，許多可憐的戰士被燒傷或被打傷。他們被抬回要塞，得到婦女們的精心護理。這些粗魯、勇敢的人表現得和小孩一樣溫順。在婦女們照看他們的幾周中，從來沒有聽過哪個戰士說出過一個讓這些女士震驚的詞句。當這一切結束之後，即當受了致命之傷的人死去，倖存的傷殘者能夠表達自己的感激之情時，他們邀請那些精心護理自己的人和阿高拉的領導到美麗的泰姬陵公園聚會。

在鮮花和音樂聲中，這些粗壯的勇士，現在都已是傷痕累累和肢體殘缺，他們起身感謝那些曾為他們穿衣、給他們餵飯，在他們極度沮喪時安慰他們的溫柔的女同胞。在斯溝塔利醫院，也有許多傷病員為那些照料他們的善良的英國女性祝福。沒有什麼比這些可憐的受難者的心思更美好的了。由於疼痛難忍，在輾轉反側的夜裡，他們祈禱佛羅倫薩夜鶯的幽靈能夠降臨他們的枕上。

一八五二年二月二十七日，遠離非洲海岸的伯克哈德號船隻失事，再一次展示了十九世紀普通人所表現出來的騎士精神。這是一切時代的人都可以引以為自豪的壯舉。

這艘船載著四七二個男人、一六六個女人和兒童，在非洲海岸旁疾速行駛。這些男人屬於當時在好望角服役的幾個軍團的官兵，主要是由服役時間還很短的新兵所組成。

凌晨二點，人們都還在酣睡，伯克哈德號猛烈地撞上一塊暗礁，刺穿了船底。船很快就會沈入海底。震耳欲聾的轟鳴聲使得甲板上層的戰士拿起了武器，他們迅速集合，就如同劇終時演員出場謝幕。大家一致決定保護婦女和兒童的生命安全。這群孤立無助的人來不及穿衣，急急忙忙到了下層甲板。婦女、兒童默默地進入幾隻備用的小木船。當這幾隻小木船都划離了伯克哈德號輪船時，船長有欠考慮地說：「所有會游泳的人都跳入水中，游向小木船。」但是，蘇格蘭91高地上校賴特立即反對：「不行！如果這樣做，那些載著婦女的小木船都會沈沒。」

那些勇敢的士兵也都紋絲不動地站立著。再也沒有備用的小木船了，因而也沒有任何化險為夷的希望。但是，沒有人感到沮喪和恐慌。面臨生與死的嚴峻考驗，沒有人逃脫、畏縮。

「他們沒有發一句牢騷和怨言，更沒有人號啕大哭，」倖存者賴特上校說：「一直到船最終沈入海底。」一船沈入海中，這一群英雄也隨之魂歸大海。就在他們沒入波濤的那一瞬間，大海為他們鳴起謳歌生命的禮炮。他們得到了高尚和勇敢的榮耀。他們的形象永遠不會消失，他們的英名將流芳百世，永垂青史。

一個紳士或許是因為成功地經受了無數考驗而聞名，但他還必須經受住這樣一種考驗，即他怎樣對那些低於自己的人行使權力？包括他怎樣對待婦女和兒童？身為一個行政長官，他怎樣對待下級？身為一個老闆，他怎樣對待職員？身為一名教師，他怎樣對待學生？在任何職業中，他怎樣對待比自己弱小的人？在這些情況下，是否表現出慎重、寬容和友善，往往被視為對紳士性格最嚴峻的考驗。

有一天，當拉．莫特穿過一群擁擠的人群，不小心踩上了一個年輕人的腳。這個年輕人立刻不由分說地打了他一個耳光。「哎呀，先生！」拉莫說：「如果你知道我是一個什麼也看不見的盲人，你一定會為你所做的一切後悔不迭！」

欺侮毫無還手之力者的人或許是一個附庸風雅之徒，但絕不是個紳士。對那些弱者和無依無靠的人橫行霸道，這樣的人是一個懦夫，絕不是一個真正的人。暴虐專橫的人，正如人們所說，只不過是一個外強中乾的奴隸。在一個正直的人身上所表現出的力量以及產生這種力量的良知，賦予他的個性以高貴。怎樣運用這種力量，他會特別謹慎。「擁有巨獸般的力量或許妙不可言。但是，像巨獸般運用力量是暴虐的。」

溫文儒雅確實是對紳士風度的最佳考驗。在他的全部行為舉止中，一個真正的紳士都會將心比心，考慮別人的感情。他會平等對待自己的晚輩和被贍養者，尊重他們的尊嚴。他寧願自己遭受一點小小的傷害，也不願意因為自己對別人的不厚道而引起別人犯下更大的錯誤。對那些在人生中沒有和自己一樣優勢的人的缺點、失敗和錯誤，他都採取一種極為寬容的態度。他甚至對禽獸都充滿仁慈。他不會去炫耀自己的財富、權力和才華。他不會因成功而躊躇滿志，洋洋得意，也不會因失敗而喪失鬥志，一蹶不振。他不會把自己的意見強加於人，但在必要時他會暢所欲言，做到知無不言，言無不盡。他不會以一種居高臨下、屈尊俯就的姿態去幫助人。瓦爾特·司各特在談到洛林爵士時說：「他是個樂於助人的人。在這個時代，這是極為難能可貴的。」

查塔姆爵士指出，紳士的性格特徵主要體現於日常小事上的自我犧牲，以及在利益面前先人後己的風格。為了說明這種高貴的個性及體貼他人的主導性精神，我們在這裡引證關於拉爾夫·阿伯克龍比勳爵的一則軼事。

據說，在阿伯克戰役中，勇敢的拉爾夫受了致命之傷。他被人用擔架抬往急救中心。為了減輕他的痛苦，他們把一個戰士的毛毯枕在他的頭下。這種辦法確實十分有效。拉爾夫問他們在頭下放了什麼。大家告訴他：「是一塊毛毯。」「這是誰的毛毯？」他問道，身子幾乎坐了起來。「是一個戰士的。」「我想知道這塊毛毯的主人是誰。」「是鄧肯·羅伊的，第42號，拉爾夫先生。」「那好！今天晚上一定要將毯子送還給鄧肯·羅伊。」即使是為了減輕臨死前的痛苦，這位將軍也不肯讓一個戰士一個晚上沒有毛毯。無獨有偶，和此事同樣感人的是，在祖德芬戰場上，悉尼臨死之前，把他的水壺遞給一個戰士。

在描繪十分可敬的弗蘭西斯·德雷克勳爵的行為舉止時，年邁而高雅的富勒簡明扼要地概括了一個真正的紳士的性格特徵：「生活樸實、買賣公平、言語真誠，對不如己者仁慈，平生最恨懶惰。在關鍵問題上，不管別人是多麼可信和多麼技術嫻熟，他從不依賴別人的關心。他藐視一切危險，希望通過自己的勇氣、技能或功勞去戰勝一切困難。在關鍵時刻，他總是第一個挺身而出（無論誰是第二個）。」

第七章

過一個美好的人生

I・健康的體魄是成功的基石

瓦爾特・司各特爵士曾說過一句名言：「每個人所受教育的精華部分，就是他自己教自己的東西。」

已故的爵士本傑明・布隆迪先生時常愉快地回憶起這句話。他過去常常慶幸自己曾經進行過系統的自學。這一名言同樣適用於每一個在文、理科或藝術領域內的成就卓著者。學校裡獲取的教育，其價值主要在於訓練思維並使其適應以後的學習和應用。一般說來，別人傳授給我們的知識遠不如通過自己勤奮學習所得的知識深刻、久遠。靠勞動得來的知識將成為一筆完全屬於自己的財富。它更為活潑生動，持久不衰，永駐心田。這是僅靠被動接受別人的教誨所無法企及的。這種自學方式不僅需要才能，更能培養才能。「自己積極努力」就是惟一的關鍵所在。

最好的老師往往知道自學的重要性，並鼓勵學生憑藉自身的能力獲得知識。他們更多的依靠是磨煉而不是直接傳授，並努力使學生成為正在進行中之工作的一分子。以上所述，即是阿諾德先生工作的精髓，他竭力使學生依靠自身積極的努力得到提高，而他本人則僅僅加以引導和鼓勵。他說：「比起把一個孩子送到牛津大學享受安逸舒適而不好好利用自身的優勢，我更情願把他送到凡帝蒙的田地裡務農。在那裡，他必須自耕自給，自謀生計。」在另一個場合，他又說：「如果真有令人感佩之事，那就是看到一個天性愚笨的人受到上帝的恩賜，得到誠懇、真摯、勤勉的培育。」

可以這麼說，即使最高等的智力教育也絕對無法與勞動相提並論。適度的勞作使心靈健康，對人的體質也大有裨益。

勞作之於鍛鍊身體，正如學習之於培育心智；社會的最好狀態就是它既能為每個人提供工作，也能讓每個人擁有一定的閒暇。甚至有閑階級也不得不參加勞作，有時是為了擺脫空虛無聊，而更多的情形則是出於他們無法抗拒的本能需要。有的人到英國鄉村捕獵狐狸，另一些人在蘇格蘭山上打松雞，更有許多人每年夏季去瑞士爬山以消磨時光。公共學校舉行的划船、跑步、板球、田徑等運動，使得年輕人的體力和體格增強，也強化了智力。

威靈頓公爵在伊頓看到男孩們在操場上參加運動，而那裡正是他度過孩提時代的地方。他無限感慨地說：「就是因為在那兒，我才打贏了滑鐵盧戰役！」

丹尼爾．馬爾薩斯激勵他上大學的兒子在以最大的努力學好知識的同時，還要積極參加體力鍛鍊。這是保持旺盛的精力，也享受智力之愉悅的最好方式。他說：「任何一種關於自然與藝術的知識，都能愉悅並提高人的心智。對於板球能同時鍛鍊你的四肢，我感到極其高興，我很欣慰地看到你把身體鍛鍊得那麼棒！」

關於積極勞作，說得更好的是偉大的神學家傑利米．泰勒。他說：「應避免庸閑，用嚴格適度的勞作充實每一滴時光。這樣，一旦你放鬆和休憩時，趣味便會油然而生。因為勞作中體力勞動最為重要，也最有益於驅除心魔。」

人一生中事業成功的因素，大多取決於身體素質。但這一點並不為一般人所認識。郝得森在一封給英國朋友的信中寫道：「由於忽視身體的鍛鍊，我們經常在學生中發現這樣一種不良的傾向：不滿足、不快樂、不活躍，因不滿現狀而異想天開，並抱有輕世厭世的想法。」這種傾向在英國被稱作「拜倫主義」，在德國則被稱作「維特主義」。

凱寧博士在美國也發現了同樣的情況。因此，他聲稱：『我們的年輕一代有太多人生長於充滿絕望的思潮之中。」對這種年輕人的症狀，惟一有效的拯救方法就是讓他們參加體育運動、工作和體力勞動。

伊沙克．牛頓爵士的童年時代恰恰展示了童年勞動對個人人生的影響。儘管對一個孩子來說比較沈悶，他仍然孜孜不倦地用鋸子、錘子和斧子「在他的臥室裡敲敲打打」，做出各種各樣的風車、馬車、機器模型。長大成人之後，他依舊樂此不疲，為朋友們造了許多小桌子和小櫃子。

斯密頓．瓦特和史蒂芬遜少年時都是工具不離手。要是沒有這種自我修練的方式，他們成年後是否還能取得如此纍纍碩果，就要打個問號了。這就是在前面章節中所描述的大發明家和機械師的早期訓練方式，他們的發明天才很早就嶄露雛形。

年輕時不斷使用雙手勞動的過程培養了他們的創造性，磨煉了他們的心智。甚至下層社會中的某些人也因此顯身揚名，成為純腦力勞動者，他們在日後的工作中不斷發現早年勞動的裨益。艾利烏．勃利特說他發現，只有辛勤勞作才能使自己以高效率學習。於是他不止一次地放棄教書和學習的機會，重新繫上皮圍裙，回到鐵匠的鍛爐和鐵砧邊。這為的就是體質和心態的健康。

對年輕人來說，練習使用工具，在培養他們學會生活常識的同時，還教育他們使用雙手和膝臂，熟悉並親近有益於健康的工作，在具體可感的實踐中逐漸增進才能；向他們灌輸具有實幹能力的思想，讓堅忍不拔的精神最終在他們的心中生根。嚴格地說，在這一點上，工人階級比有閑階級有著明顯的優勢。他們在早年就不得不在機器生產或其它工種中辛勞地作業，因而逐漸變得心靈手巧，游刃有餘。

體力勞動階級最主要的缺陷並非在於他們受雇於體力勞動，而在於他們被完完全全地雇用，以致道德和智力上的才能因此湮沒殆盡。有閑階層的孩子則從小就被告知勞動是卑賤的，並一味避之遠之，成人後便更是五穀不分；貧苦階層的人，自小生長在從事體力行業的圈子中，長大後大多目不識丁。把體力訓練、勞動和文化教育有機地結合起來，避免出現上述兩種極端現象並非不可能。國外有許多試驗表明，採用一種更健康的教育體制是完全可行的。

專業人員的成功，很大程度上取決於他們的身體素質。一個作家甚至公開表示：「偉大人物的偉大之處，就在於其身體素質的好壞和智力的高低完全成正比。」對一個成功的律師或政治家來說，擁有健康的呼吸器官和受過良好的教育同樣不可或缺。血液與氧氣在具有呼吸功能的肺部表面結合，在很大程度上，對保持思維活躍這一至關重要的能力是必不可少的。律師只有經過激烈而勢均力敵的法庭辯論的磨煉，才能登上事業的頂峰。政治家呢？只有在擁擠的議院裡發表亢奮冗長而蠱惑人心的演講之後方能飛黃騰達。因此，律師和國會領袖在工作中需要比才能顯然更為重要的身體的耐力和活力。

瓦爾特．司各特爵士由於殘疾，在愛丁堡大學被人戲稱為「希臘大笨瓜」。實際上，他的體質非常強健：他能在特里德河與最好的漁夫一起叉鮭魚，在耶洛與最好的騎手一起騎烈馬。在他後半生從事文學研究時，對野外活動的興趣也從未稍減：早上寫寫《維拉利》，下午他會去獵野兔。

威爾遜教授不僅善於駕馭優秀動人的詩句，而且是個出色的棒球運動員。伯恩斯年輕時，就因為出色的身體素質而嶄露頭角。伊薩克．施洛在凱特豪斯學校時因善於技擊而著稱。安德魯．福勒是索漢姆一個農夫的兒子，因拳擊而聞名。而亞當．克拉克孩提時代就因為力氣大，能「隨意滾動大石塊」而出名。這些也許就是他日後能夠「思接千載」的祕密所在。

2・養成良好的思維習慣

擁有健康的體質是必要的。但也必須認識到，教導學生養成思維的習慣同樣至關重要。「勞動高於一切。」這句名言只有在掌握知識的前提下，才是真理。

學習之路對所有能把勞動和學習有機地結合起來的人都同樣暢通無阻。世上沒有什麼困難大到不屈不撓者都無法克服和解決。還是凱特頓出語驚人：「是萬能的上帝創造了人類。如果人選擇了困難，他們也將無所不能。」學習和經商一樣，能力只是重要的因素之一。我們不僅要趁熱打鐵，在此之前也要不停地敲打，直到使它變熱為止。

精力充沛和持之以恒的人細心利用每一點機會。在懶散者所不屑珍惜的空閒時間裡靠自學而獲得的成績之大，足以令人驚異不已。憑著這種精神，弗古遜身上裹著一張羊皮爬上高山，仰望蒼穹，學習天文；斯迪在做園丁時學習數學；德魯在修鞋的間隙中學習深奧的哲學理論；密勒則在採礦場做臨時工的時候自學了地理。

眾所周知，喬舒亞・雷諾茲爵士相信勤奮的力量。他堅持認為，所有孜孜不倦、勤勉不輟的工作者都將是優秀而出色的；辛勞乏味的苦工是造就天才之路。藝術家技藝的純熟毫無止境，有止境的是他自己付出的汗水。他並不相信所謂的靈感，只相信學習和勞動。他說：「只有勞動，才配得上優秀這一殊榮。」「如果你擁有不凡的才能，勤勉將不斷地提高它。如果你才能平庸，勤勉會彌補它。被正確引導的勞動不會付諸東流，不付出勞動則必將一無所獲。」

柏克斯頓爵士也同樣相信學習的力量。他謙虛地戲言：「只要付出雙倍的時間和努力，我將和其他人一樣出色。」他十分相信平常的方法和不尋常的運用。

羅斯博士曾說：「一生中我認識許多人，我相信他們的天才有朝一日終會被人們認可。他們全都是勤奮而堅毅的人。」每一項偉大的成就都是無數次練習準備的結果。才能來自勞動。任何成就都不是唾手可得。甚至連走路，一開始也是舉步惟艱。

全面性和準確性是學習上必須達到的兩個目標。弗朗西斯・霍納在為自己的學習制訂計畫時，特別強調，完全掌握一門學科的內容，必須養成持續不斷運用的習慣。他看準一個目標，把注意力只集中在幾本書上，並且堅決反對任何散漫雜亂的讀書態度。對任何人而言，知識的價值並非在於它的數量多少，而主要在於它能得到很好的運用。因此，在實際運用中，有一點準確而精細的知識往往比泛泛而膚淺的知識更有價值。

伊格諾蒂烏斯．勞拉有一句名言：「一次做好一件事的人，比同時涉獵多個領域的人好得多。」在太多領域內都付出努力，就難免會分散精力，阻礙進步，最終一無所成。聖．里奧納多在一封給福韋爾．柏克斯頓爵士的信中談到他的學習方法，並解釋自己成功的祕密：「開始學法律時，我決心吸收每一點獲取的知識，並使之同化為自己的一部分。在一件事沒有充分瞭解清楚之前，我絕不會開始學習另一件事。我的許多競爭對手在一天內讀的東西，我得花一星期時間才能讀完。而一年後，這些東西，我依然記憶猶新。但是，他們早已忘得一乾二淨。」

智慧的多少並不在於涉獵領域的數量或讀書的多少，而在於有目的且適當地學習；在於學習某一學科時的思想集中程度；在於整個思維運動體系能遵循一貫的原則。艾伯尼西甚至持這樣的觀點：「思想有一個飽和點。如果填塞的東西超過這個極限，就只好擠掉另一些東西。」談到醫學，他曾說：「一個人如果對他想做的事有一個明晰的想法，那他在選擇適於達到成功的方法時就絕不會含糊。」

有一個明確的目標，最有益於學習。隨時都將獲得的知識付諸實踐，才能真正地掌握它。因此，僅僅擁有書籍或知道在哪兒能找到所需要的資訊，這遠遠不夠。

我們必須擁有符合個人實際能力的人生目標，並積極主動地為之做準備。自稱家財萬貫而兜裡卻一貧如洗不是真正的富有。我們必須親自擁有足以應付任何情況變動的大量知識，否則在學以致用時，我們只能束手無措，一籌莫展。

果斷和敏捷對學習和經商的重要性不言而喻。讓年輕人習慣於依靠自身的力量，任由他們在童年時盡可能享受自由行動的樂趣，這些都有助於增強上述兩種素質。過多的指教和限制會阻礙自立精神的形成。這就像旱鴨子在胳膊上別上氣囊，想隨意漂流卻被早早地束縛住，最終只能與之同歸於盡。

自信的匱乏可能是阻礙進步的更大原因。據說，人生中一半的失敗是由於缺乏自信心，畏於嘗試。約翰遜博士很早就習慣於把他的成功歸因於自己自信的能力。適當的謙虛與正確地評價自己的優點相容。謙虛並不意味著否定所有的優點，儘管有這樣一些人，腹中空空卻好自欺欺人。自信的缺乏，繼而導致行動上的不果斷，這是性格上的缺陷，尤其會阻礙個人的發展、進步。收穫甚微的原因，一般都在於嘗試不夠。

絕大多數人一般都希望取得自學能力，卻對不得不付出努力甚為反感。約翰遜博士堅持認為：「當代人的毛病是學習上缺乏耐力。」這句話的確一針見血。我們或許並不相信學習有什麼「貴族式」的途徑，但我們似乎相信有一種「大眾化」的方法。

在學校，我們總想發明一種省力的學習方法，尋找通往科學大門的終南捷徑。我們通常以省力的方式得到一點點知識。比如學化學就靠幾次有趣的實驗：看見綠水變成紅色，磷粉氧化而燃燒，得到一點皮毛。但這點皮毛，幾乎一無用處。

年輕人期望靠這種方法獲得知識，這與真正的教育是格格不入的。這樣的學習雖然用了腦筋，卻不能提高智力。起初給予刺激，使年輕人產生一種對知識的渴望和小聰明，但是，由於缺乏比娛樂更高的目的，它終究沒有真正的好處。在這種情況下，知識只是一種過眼煙雲般的印象，一時衝動的產物。實際上，這種只訴諸感覺而沒有深層挖掘的方式就是享樂主義的表現。因此，許多只能被活力和獨立性激起的最出色的思想猶在沈睡，未被生活召喚；除非大難突然降臨，它才會從睡夢中驚醒。

習慣於藉由娛樂以獲取知識的年輕人很快就會排斥勤奮的學習方式。為了在運動嬉戲中學到知識，他們急功近利，急於求成，扎實的精神隨著時間的推移而煙消雲散，取而代之的是思想的膚淺和性格的軟弱。羅伯特曾說：「東張西望的學習方式和吸煙一樣傷神。而這正是其長期蟄伏的原因。它最使人滋長惰性，也最使人軟弱無能。」

這種惡習以各種各樣的方式存在著，不斷滋長著。它像個隱藏了形跡的淘氣鬼，對腳踏實地的勞動深惡痛絕，使人意志消沈。如果我們聰明，就應該像先輩一樣，勤耕不輟。因為勞動仍然是、而且永遠是取得成就的代價。我們必須有目標地工作，並且耐心等待。所有最好的進步都是漸進的，信心滿懷且積極熱情的人，報酬就會適時來臨。一個人日常生活中就表現得很勤奮，他的尊嚴、威望必將逐步提高，能力也會日益增強。但是，還要持之以恒。因為自學是永無止境的。

只有適當地運用造物主賦予我們的才能，方能博得他們的敬重。正確合理地運用一種才能的人比同時擁有10種能力的人更受人尊敬。確實，擁有很高的才智和擁有世襲的鉅額財產一樣，能體現個人的優越。那些能力是怎樣運用的？這就像問那筆財產用來做什麼？一個人可能積累大量的知識卻一無用處。知識必須與仁智相聯繫，體現出高尚正直的品格，否則便毫無意義。斯特羅茲甚至堅持認為，智力訓練就其本身而言，有害而無益。所有知識之根必須根植於受正確引導的意志之中。

知識的獲取確實可以避免一個人在生活中走上邪路，但一點也不能防止自私自利。自私自利只能靠正確適當的原則和習慣去糾正。在日常生活中，我們會發現許多這樣的事例：學識淵博的人，性格卻完全扭曲變形了；飽讀經書的人，卻毫無實際能力，不能靈活機變，只會亦步亦趨。「知識就是力量。」把這句話不時地掛在嘴邊的人往往成了狂熱者、專制者和野心家。除非受到明智的引導，不然知識本身只能使惡人變得更險惡；而社會有了他們，恐怕比地獄就好不了多少了。

或許，在當今時代，我們誇大了文化教育的重要性。我們已習慣認為，因為有了眾多的圖書館、科研機構和體育館，我們正不斷地發展、進步。但是，這些設施在輔助自學的同時，卻也往往阻礙個人達到自學的最高境界。有可以任意使用的圖書館之人未必博學，正如富者有未必慷慨一樣。我們或許擁有偉大超凡的設備，但是，一個人只有通過自己的觀察、注意、堅韌和勤勉，才能更加明智通達。

純粹地佔有知識與明智通達大相徑庭。後者遵循一種更高的原則，而不僅僅是閱讀——一種往往淪為消極接受他人之想法的方式，其中很少或者根本沒有積極主動的思維活動。這樣的閱讀只能像慢斟細飲一樣，使人日漸沈溺；只能激發一時之情感，而對思想的充實和性格的塑造沒有絲毫效果。許多執迷不悟者還抱著這樣自欺欺人的想法，以為他們正在培養自己的心智，其實卻在從事一種低級的消磨時光的遊戲，其好處最多也只是使得他們因此沒有時間去做更惡劣的事情罷了。

還有一點也應時刻銘記於心：從書本中獲得的經驗儘管可貴，本質上仍只是知識的積累；而取之於生活的經驗才是智慧之源，其價值遠遠超出前者。伯林布洛克爵士說得好：「任何形式的學習都既無法直接亦無法間接使我們成為更優秀的人，它充其量不過是一種精巧卻華而不實的閑時之戲，以此獲得的知識無非是一種可敬的無知罷了。」

良好的閱讀儘管有益，但它不過是啟迪心智的眾多方法之一，比起實踐之經歷或榜樣對塑造個人性格的影響來要遜色得多。遠在文化普及大眾之前，英國就孕育出許多智慧、勇敢而誠實的志士仁人。大憲章就是由一群不通文墨的人用他們自己的符號寫成。儘管他們並不諳熟以文字表達原則之道，卻懂得如何理解、尊重並勇敢地捍衛這些原則。就是這一群沒有文化卻具有無比高尚的人格之人為英國的自由奠定了基礎。

必須承認，教育的首要目的並非僅僅是灌輸他人的思想，成為他人思想的奴隸和接收器，而是拓展個人的才智，使自己能夠在任何生活境遇中坦然自若，應付自如。許多在這方面最為成功的人士很少讀書。勃蘭得利和史蒂芬遜直到成年才學會認字，他們卻建立了偉大的功績，鑄就了輝煌的人生；約翰·韓特爾20歲時尚不識字，但他造的桌椅能與最好的木匠媲美。

「我從不看這個！」一位偉大的解剖學家曾在一次課堂上指著某一門學科的書說：「假如你想在你的專業領域做出成就，你必須懂得這一點。」

因此，重要的並非你掌握了多少知識，而是你掌握知識的目的。掌握知識的目的應該是韜光養晦，塑造性格；應該是為了使我們更好、更幸福、更有用，讓我們以更大的熱誠，精力百倍地去追求人生的崇高理想。

「當人們一旦陷入一味欣賞崇拜的惡習之中，任其蔓延滋長，而從不關心道德品性——宗教理念和政治信仰即是道德品性的具體表現——那麼，他們就會墮入萬劫不復之境。」我們必須自己去成為、自己去做到，而不僅僅滿足於看別人的東西，思索把玩別人曾是如何，曾做過什麼。讓我們把生活當作最好的啟迪，將行動視作最好的思想；我們至少必須能夠像利希特那樣宣稱：「我已盡己所能，無愧於心，任何人都無法再要求我做得更多。」在上帝的幫助下，根據自己肩負的責任和天賦的才能磨礪自己，這是每一個人的神聖義務。

自律與自制是實踐智慧之始，它們扎根於自尊；希望——力量之伴侶，成功之母，即是源於自尊。最為謙遜之人或許會這樣說：「尊重自身，發展自身，這是我生活中真正的義務所在。我感謝社會及其締造者惠賜我人之軀體，使我融入社會這一偉大的體系，成為其中不可或缺的一分子。我必將努力去惡揚善，使自己的品性盡善盡美。」自尊，亦即推己及人，他人也必將尊重推及我身。相互尊重，方有公正與秩序。

自尊是一個人所能穿著的最高貴的外衣，最能使心靈淨化，思想昇華。費賽格羅最充滿智慧的一句格言是他在其《金玉良言》中要求學生去做的「尊重自身」。這在這一崇高理念指引下，他不會因淫欲而墮落肉身，也不會為奴性而玷污心智。這一品行，推及日常生活，體現於各種各樣的美德之中——潔淨、莊嚴、貞潔、道德高尚和宗教虔誠。

彌爾頓曾言：「虔誠而公正地尊重自身乃是一切有價值的美德之兆始。」思想上的自貶非但貶低自身，還會導致貶低他人。思想如此，行動上也必然如此。一個人往低處看時，精神便不能振奮。要振奮精神，必須昂然仰視才行。恰如其分的自尊讓最卑賤之人傲然站立，而貧困也必因之備顯高尚。一位身陷困厄卻矢志不移的勇士，著實令人敬佩不已。

太狹隘地將自我修養僅僅理解成一種「過活」的方法，未免太玷污它了。從這種狹隘的觀點看來，毫無疑問，教育是時間精力的最好投資之一。無論在哪行哪業，智力都能使人更易於適應環境，改進工作方式，並使之在各方面更顯出類拔萃。擅於同時運用雙手和大腦進行工作的人，目光會更加敏銳，他會感覺到自身力量倍增——或許，這是人類心智所應珍視的最令人愉悅的感覺——自立自強的力量會與日俱增。一個人的自尊越強，就越能抵抗低級趣味的誘惑。他將能懷著一種嶄新的興趣，看待社會及其運作；他將更富於同情心，懷著同樣的興致，為他人、更為自己工作。

然而，自我修養未必會帶來我上文多次提到的功成名就。每個時代的絕大多數人，無論其受過何等啟迪，都只能從事平凡的職業。任何能夠授予普通大眾的自我修養恐怕都無法使人擺脫必須完成的日常工作。但我們認為，從具體的事務中擺脫出來其實也並非不可能。我們可以用高尚的思想使瑣細的勞動、艱苦的條件昇華，而無論貴賤貧富。因為，無論一個人是多麼貧窮或卑賤，也可以與偉大的思想家為伴，時常邀其促膝談心，而他絕不會介意你的屋宇是如何鄙陋不堪。

於是，良好的閱讀習慣便成為最大的快樂之源和自我完善之途，潛移默化地影響著一個人的整個性格與行為。儘管自我修養未必能帶來財富，但它給人帶來了與高尚的思想為伴的機會。一位貴族輕蔑地問一位智者：「你的所有哲學到底給你帶來了什麼？」智者回答：「至少，我獲得了心靈的寧靜。」

3．抱怨和沈淪於事無補

許多人時常在自我修養的途中備感灰心喪氣，因為他們覺得自己在這個世界上未得到應得的待遇。一種下橡子，他們就期望它立即長成一棵參天橡樹。他們將知識視同一件可推銷的商品，時常因為它不如預期中暢銷而憤憤不平。

特魯門歇先生在他的一份『教育報告』（一八四〇年）中談到這樣一件事：諾弗克的一位小學校長發現自己的學校聲望日落，生源日竭，便調查原因何在，結果發現大多數要求退學的家長舉出的理由是，他們本期望「教育能使他們的生活更加舒適愜意」，卻發現教育於事無補。於是他們讓孩子輟學，從此再也不跟教育沾什麼邊了！

這種貶低教育的看法在其他階層中也屢見不鮮。這是由社會上或多或少存在的對生活的錯誤認識而導致。將教育僅僅看成一種超越他人的手段或智力娛樂的方式，而不是一種淨化心靈、昇華精神的力量，都是對教育的一種褻瀆。用培根的話說：「知識並非為銷售而贏利的商場，而是一座映耀造物主的榮光，昇華人類心智的寶庫。」

毫無疑問，通過勞動而獲得升遷並改善自己的社會地位是可嘉的，但絕不能以犧牲自我為代價。使心智僅成為肉體的苦役是對心智的奴役；因非知識的成就未能獲得取決於勤奮程度的關注而忿然做聲，憤憤不平，這是心胸狹隘的表現。

沒有比羅伯特·希在勸告其朋友的一封信中所寫的話更能適切地批評這種心胸狹隘的人了：「假如我能給予你什麼有用的教益，我絕不會吝惜。但是，一個人要是選擇自暴自棄，那就無藥可救了。一個善良而睿智的人也會時而對世界感到憤然、為之悲哀。但要記住，假如你履行了你在這個世界上的義務，你就不會憤世嫉俗。假如一個受過良好的教育，擁有健康之體魄和充足之閒暇的人還想要求什麼，那必是因為萬能的上帝對他的額外賜福超出了他之所應得。」

另一種褻瀆教育的方式是僅將其視為一種智力消遣的方式使用。在我們的時代，有許多人迎合了這一口味。比如通俗文學中，對通俗刺激有一種近乎狂熱的興趣，以各種不同的方式存在著。為了迎合大眾的口味，我們的書刊充斥著輕浮、俗麗（在此並不是鄙視大眾俚語）和對人類之法、自然之法的肆意踐踏。道格拉斯·傑羅德這樣描述這一趨勢：「現在我們的世界對任何事物的反應都是哄堂大笑。我相信（至少我這樣希望）我們終有一天會對此舉動感到厭倦。人類的歷史並非一部徹頭徹尾的鬧劇史，畢竟生活中還有一些嚴肅的東西。我擔心，有的人甚至會寫出一部布道鬧劇來。想一想英國的喜劇史吧！阿爾弗雷德的鬧劇、托馬斯．莫文爵士的滑稽戲，還有他的女兒在棺材裡的荒唐表演。如今書刊已普及大眾，但它們尤其是為那些心智尚未健全，仍在發育階段的人而準備的；它們對人的心靈的褻瀆，比起埃及的瘟疫、污染潔淨水域和腐化政府官員的毒素來，有過之而無不及。」

當然，偶爾從繁重的日常事務中脫身出來，選上一本優秀作家的好書品讀，不失為一種高級的智力享受。無論男女老幼，一本好書對他的吸引力絕不亞於源自本能的巨大衝動。適度的閱讀顯然是可取的。但要是像某些人那樣，把閱讀當成獲取精神食糧的惟一途徑，皓首窮經，整日埋頭於自己臆造的荒謬絕倫的人生幻象之中，那將會比無所事事更浪費時間，因為它更為有害。

養成閱讀習慣的人往往沈湎於小說中的虛幻情感乃至於疏離了健康、現實的情感。一位同性戀者曾對紐克的大主教說：「我從未去聽過悲劇。我的心可受不了！」小說所激發的文學意義上的遺憾不會產生任何相應的行動，它所引發的脆弱並不包含自我犧牲，而太頻繁地為小說所感動的心，長此已往，就會變得對現實無動於衷。布特勒主教曾說：「在自己的心中描繪美好的美德絕非必然對養成這一美德有所助益，相反，它甚至有可能事與願違地使心靈更加冷漠，逐漸地使之更麻木不仁。」

適度的娛樂既是健康的，亦是可嘉的；過度的娛樂則會使人性受損，應該保持警惕，極力避免。「勤有功，嬉無益。」這一古訓盡人皆知。沒有什麼比終日沈湎於聲色犬馬的嬉戲中對一個年輕人造成的傷害更大了。他會失去其最寶貴的品性，失去對更高級之精神享受的追求。平常的快樂，對他會逐漸顯得索然無味。當他回過頭來重新面對工作和生活的責任時，結果只會是厭惡和反感。

「享樂派」的人揮霍、耗盡生命的精力，枯竭了真正幸福的源泉，無法再使其性格或心智長足地發展。一個沈溺於享樂而虛擲了青春的人甚至比失去童貞的孩子、失去純潔的少女和失去真誠的少年更令人惋惜。

密羅伯曾這樣說過自己：「從某種程度上說，是我的早年生活使我失去了此後的歲月，消耗了我一生大部分旺盛的生命力。」今天對別人所犯的錯誤，明日就會回報自身，年輕時犯下的罪愆會在今後使我們受到懲罰。

培根爵士寫道：「年輕之本性的力量能超越誘惑，直至他的暮年。」他指的既是體力，又是精神的力量。義大利人吉斯在寄給其友的一封信中寫道：「我向您保證，我為生存付出了極高的代價。的確，我們在生活中總是身不由己。造物主先是假裝慷慨地給我們小費，之後卻毫不客氣地把它記在我們的賬上。」

年輕時代少不更事，最壞的後果並非損害健康，而是它玷汙了人性。放蕩不羈使一個青年墮落，等到他想重回純真年代，已悔之晚矣。假如說，能有什麼解救之途，那只能是以一種熱情的責任感去澆灌心靈，並投身於火熱的工作。

4．做一個意志堅強的人

本傑明．康斯坦是偉大的啟蒙運動時代最有才華的一位法國人，但20歲時他就對一切都無動於衷了。從那時起，他的生命不再有靠他自身的才華和自制就完全可以達到的成就，而是時時哀歎。他從未持續地完成過一件事。

康斯坦是一位才華橫溢的作家，曾經期望寫出「垂世不朽」的著作。但就在他熱切地追求理想之時，卻不幸地墮入低級趣味的生活之中。他的偉大著作中的超驗主義無法補償其生活情趣的低劣；在著手寫作宗教作品的同時，他頻頻地光顧賭場；他寫了《阿道菲》，也在賭場耍著為人所不齒的勾當。儘管他智力超群，性格卻軟弱無力，因為他對美德從無信仰。

他曾說：「呸！什麼叫榮譽和尊嚴？我年紀越大，就越覺得榮譽和尊嚴中其實空無一物。」這是一個可憐人的哀嚎。他竟說自己「除了骨灰和泥土之外，什麼都不是！」他說：「我就像一片陰影一樣，伴著卑劣與空虛飄過塵世。」他期望擁有伏爾泰的充沛精力，卻沒有毅力去實現它，只是一味地幻想。

他的生命過早地耗盡了，只剩下一塊行屍走肉。他說自己一隻腳踏在空中，無可奈何地承認自己缺乏原則和堅毅。因而，他空有萬般才華，卻一事無成，在多年的悲慘生活之後，精力枯竭地死去了。

《諾曼征服史》一書的作者奧斯汀・蒂利的一生則與康斯坦形成鮮明的對比。他整個一生完美地體現了堅毅、勤勉、自我修養和對知識的無盡渴求。在追求知識的過程中，他失去了雙眼，但他從未失去對真理的熱愛。

他體力虛弱，總是由一位護士像照顧嬰兒一樣抱在懷裡，從一個房間挪到另一個房間。但他從未失去堅毅的精神。他用如此高貴的語句概括其文學生涯：「我想，對於科學、事業，我都已如一個在戰場上九死一生，重傷而還的戰士，將他的一切奉獻給了祖國。無論我辛勞的結果如何，我希望自己樹立的這一精神典範不會消亡，我期望它能對抵抗我們這一代人的各種道德弊病有所助益，讓那些抱怨缺乏信仰，無所事事，眾裡尋它卻一無所得而精疲力竭的靈魂迷途知返，重新找回信仰與敬畏之心。

「為什麼要如此痛苦地說什麼在我們這個世界就是容不下某些人，就是沒有某些人的用武之地？這世界不是仍有著寧靜而嚴謹的學習與研究嗎？那不正是我們任何人都能達到之處，一個避難之所、希望之地嗎？有了它，我們就不會感到時光流逝的痛苦。每一個人都能主宰自己的命運，每一個人都能高貴地生活。這正是我已經做到的。假如我還能第二次開始我的事業，我仍會這麼去做，我仍會選擇讓我走到今日的同一條道路。我已經雙目失明，無望地忍受著折磨，但我還是要鄭重地說，世界上有比感官享受、財富甚至健康本身更好的東西，那就是對知識的獻身與追求。」

柯勒律治在許多方面與康斯坦十分相像。他同樣才華橫溢，也同樣意志薄弱。儘管他擁有超群的才智，卻缺乏勤勉的精神，厭惡連續性的工作。他也缺乏獨立性。他將妻兒留給高貴的騷塞去撫養，自己卻退居海格特．格洛塢去向他的信徒大談超驗主義，高高在上，對在喧囂而煙霧彌漫的倫敦城裡勤勤懇懇工作的人不屑一顧；他高傲地拒絕朋友的捐款；儘管他有著崇高的哲學理念，卻輕視普通勞動者。而騷塞的精神是多麼不同啊！他不僅從事他自己所選擇的往往瑣碎而枯燥的工作，同時又懷著對知識純粹的熱愛，追求著理想，每一天，甚至每一個小時都不虛度；與出版家的訂約需要嚴格地履行，有一大家子的生計要操持。當他輟筆之時，他就毫無所獲。他曾說：「我的道路與上帝之路一般寬廣，而我的生計則全靠這支筆了。」

在讀完《柯勒律治文選》之後，羅伯特．尼古爾在給朋友的一封信中寫道：「這個可憐的天才，僅僅因為缺乏一點精力和決斷而斷送了他本該完滿的事業。」

尼古爾自己是一位真誠而勇敢的人。他英年早逝，在短暫的一生中遭遇了無數挫折。起初他做書商的小買賣，結果弄得血本無歸，還欠了20英鎊的債。當時他感覺心裡就像「一塊磨石掛在脖子上」。

他發誓，等把這筆債給還了，他就再也不跟世上任何人借錢了。他在給母親的信中寫道：「親愛的媽媽，請不要為我擔心，因為我感到自己內心的信心和希望與日俱增。我考慮得越多（現在我的職業是思考，而不是閱讀），就越覺得無論我今後是否能發財，我一定會成為一個越來越智慧的人，而這是更為可貴的。痛苦、貧困以及生活中其它一切令人談之色變的攔路虎，我堅信我可以直面它們，毫無懼色，絕不會失去自尊、對人類崇高理想的信仰或對上帝的熱愛。達到這一目標，需要經歷無數精神上的痛苦折磨，而當他一旦得到了，他就會像一個旅行者從陽光普照的高山之巔俯視山底的氤氳繚繞一般自由。我不敢說自己已經達到這一境界，但我感到自己正接近它。」

5．從失敗中吸取智慧

造就偉人的途徑不是空談，而是努力，不是順境，而是困厄。想取得任何成就，都必須首先面對並克服重重困難。困難是我們最好的老師。

查爾斯．詹姆士．福克斯一向認為：「一個屢遭挫折卻不屈不撓的人，比一個一直順順當當的人更有可能取得成就。」

我們從失敗中學到的智慧遠遠超過成功。我們往往通過發現什麼不行，才明白什麼可行；而一個從不犯錯的人可能永遠都不會有所發現。

當初，研究人員是在試圖發明一種吸式水泵失敗時，才開始研究大氣壓強規律，從而為伽利略、托利色里和鮑爾等天才科學家開拓了一個嶄新的研究領域。約翰．韓特爾曾說：除非醫學界的專業人士有勇氣像宣布成功一樣將其失敗公之於眾，醫學將很難發展。工程師瓦特則認為：在機械工程所缺乏的所有事物中，最缺少的是失敗史。他說：「我們缺少的是一本敘述污點的書。」

有人曾為戴維爵士展示一項操作極為靈巧的實驗。而他說：「感謝上帝，沒有讓我擁有如此嫻熟的巧手！我總是從實驗的失敗中得到重大發現的靈感。」

另一位物理學領域的傑出研究人員則在其日誌中總結出這樣一條規律——每當他在研究過程中似乎遭遇到不可戰勝的困難時，也就是他的重大發現之契機。最偉大的事物——偉大的思想、發現和發明——通常是在艱苦中孕育出，在悲傷中思考出，歷經苦難才得以確立。

貝多芬曾這樣評價羅西尼：「要是他在孩提時代多一點勤奮，他完全可以成為一個很好的音樂家，但他被他自己的天才慣壞了。」自信內心堅強的人無須害怕聽取反面的意見，他們更有理由去害怕的應該是不適當的讚譽之詞和過於友好的評價。孟德爾頌去參加其劇作《以利亞》在伯明罕一家劇院的首演時，笑著對朋友和評論家說：「請嚴厲地批評我吧！不要告訴我你們喜歡什麼，告訴我，你們不喜歡的是什麼。」

的確，對絕大多數人而言，失敗的經驗遠比成功重要。華盛頓打敗的戰役比他贏得的戰役更多，但他最終成功了。而羅馬帝國即使是在其最戰果輝煌的時代，勝利也幾乎總是以失敗開始。威靈頓也是通過不斷地克服其似乎不可克服的性格弱點，才成為一代軍事天才，培養出他身為一個人和一名將領的優秀品質。嫻熟的水手在大風大浪中磨礪出自立、勇敢和極端的自律精神；而英格蘭水手——或許是世界上最優秀的水手——的高超技藝，也不得不歸功於險惡的大海和風浪滔天的黑夜。

生活的需要或許是個嚴厲的校長，但你會發現，它通常又是最仁慈不過的。儘管我們很自然地會對困厄的考驗感到畏縮，但當它來臨時，我們仍必須拿出一個男人的勇氣去面對它。彭斯一首詩中的一段很有道理——

儘管挫折與失意
是嚴酷的教訓，
但它又包含著智慧之哲理；
你將到達智慧的彼岸，
你將不會在別處找到它。

困厄其實大有用途。它向我們揭示了我們的力量，激發出我們的鬥志。假如性格之中真的有如甜草藥般的價值，那它只有在受到壓抑時才能散發出最芬芳的香氣。古語說得好：「失意乃是通往天堂的梯階。」理查德曾說：「還有什麼比因貧窮而被扼殺更可憐的人？這就像將少女的耳垂刺穿，再將珍貴的耳墜掛在她滴血的傷口上。」

在生活的經歷中你會發現，有許多人能夠勇敢地面對貧困、無畏地抗拒困境，卻在富裕這一更為危險的對手面前束手就擒。只有一個實在弱不禁風的人才會被風吹走斗篷；體格一般的人則更容易在溫暖的陽光照耀下自動摘去斗笠。承受順境往往比面對厄運，需要更加自律而堅強的性格。

財富易於使人驕傲，困境則會使一個有決斷力的人心智更加成熟、堅毅。伯克說：「困難是一位嚴師，加困難於我們之身乃是更瞭解我們、也更愛我們的主的聖諭。困難使我們的精神更加高亢、技藝更加純熟。因此，我們的對手就是我們的救護神。」假如沒有必須面對的困難，生活或許會更輕鬆愉快，但人的價值卻會因此而降低。

困難是我們的試金石，它豐富了我們的心智，鑄就了我們的性格，教會了我們如何自立自強。因此，艱難往往會成為對我們最好的磨礪，儘管我們有時未能認識到這一點。

無論對國家還是個人，困難都是教誨道德自律的最佳學校。事實上，困難的歷史同時也是人類創造、成就所有最偉大且最美好之事物的歷史。很難說得清，地處北方的國家該如何感謝他們所面臨的嚴酷而變化莫測的氣候和原本貧瘠的土地。這些現已成為他們生存不可缺少的必要條件。他們所做的努力和奮鬥是地處溫帶的人所無法想像的。因此，儘管我們最珍愛的是具有異國情調的商品，但創造出這些商品所不可缺少的技藝和勤奮卻是根植於本國勤勞勇敢的人心中。

哪裡出現困難，人們就必須懂得怎樣面對它，努力擺脫它，創造美好。遭遇困難能鍛鍊出人的力量和才智。這正如田徑運動員一樣，他以登山鍛鍊意志，才能在比賽時輕而易舉地獲得勝利。

通往成功之路或許艱難陡峭，但攀登高峰本就是一個人擁有精力的最佳證明。經驗告訴我們，只有勇敢地正視困難，才能戰勝它，正如你只有勇敢地撥開攔路的荊棘，才會覺得它們其實像絲綢一樣柔滑。對實現目標最有助益的就是我們內心的信念——堅信我們能夠、一定能夠獲得成功。因為困難在決心面前，往往不戰而降。

只要我們堅持嘗試，許多目標都能實現。除非你做了嘗試，否則你就永遠無法知曉自己能做什麼；而大多數人則到迫於無奈之際才會竭盡全力。意氣消沈的青年往往說：「要是我會這個那個，該多好！」但假如他只是一味許願，他就會一無所成。

我們必須將願望化作決心和努力。一次努力的嘗試遠勝於許一千次的願。正是這句「要是我如何如何」，顯示了無能和絕望，使人一味地徘徊在可能性之中，阻礙了願望的實現、甚至實現其願望的努力。林德赫得特爵士曾說：「困難之所以存在，就是為了被克服。」

立即與困難放手一搏吧！在你一次次的努力嘗試中，你會感到自身力量的增強，面對困難，你會更有「游刃有餘」之感。因而，在與困難搏鬥中，你的心智與性格將得到無與倫比的磨煉，使你能夠滿懷激情、自由，從容不迫地去奮鬥。這些都是那些未曾有過同樣經歷的人所無法理解的。

我們所學的一切都是為了主宰困難，而一個困難的克服會更增加你面對下一個困難的勇氣和決心。在學習中，乍看之下似乎毫無價值的東西——諸如研究已絕跡的語言、我們稱之為數學的線與平面的關係等等——事實上仍有著極大的實用價值。這並不僅因為它們所包含的信息，更因為研究這些學問能激發一個人的努力和蘊藏於其心中的實幹潛能。因而此物激發著彼物。人的一生就是這樣前進著，不斷遭遇困難、克服困難，直到生命和文化終止之日。陷於灰心喪氣，從未也絕不會對解決困難帶來任何助益。達龍伯特對向他抱怨剛學數學之始便感到困難重重的學生如此告誡：「繼續前進吧，先生！相信信念和力量即將向你走來。」

長袖善舞的舞者和表演奏鳴曲的小提琴家都是在不斷練習和不斷失敗之後才獲得嫻熟的技藝。凱利希米在聽到別人對其演奏從容優雅的旋律讚口不絕時說：「咳！您永遠不會知道獲得這份從容優雅是怎樣費勁！」有一次，喬舒亞・雷諾茲爵士被問及他花了多長時間完成一幅畫。他回答：「我用了我的一生。」

愛爾蘭演說家丘倫年輕時說話口齒不清，以至於在學校裡被同學戲稱為「結巴傑克・丘倫」。上了法學院後，他仍不時地為這口吃的毛病所困擾。後來他參加了一個演講協會。在第一次演講剛開始時，他站起身，半天說不出一個字。但過後他竟奇蹟般做了一個非常成功的演講。這一偶然事件使他對自己的口才產生了信心，於是更以百倍的精力投入演說生涯。

他每天都要用幾個小時，大聲朗讀最優美的文章，對著鏡子仔細研究、揣摩演講時的表情，並發明了一套特殊的手勢，以彌補其不甚雅觀的外貌缺陷。另外，他還模擬法庭辯論，就像律師真正面對一個陪審團那樣用心地練習。

丘倫是在艾頓公爵所稱的成功之要件的「不名一文」的情況下開始執業的。他在執業辯護律師的過程中，仍不時為當初演講協會時代的缺乏信心所困擾。有一回，他被羅伯遜法官激怒了，拍案而起，奮起反駁。事情是這樣的——

審理某案時，丘倫發現「他從未在他的哪本法律藏書中見過法官引用的那條法律。」羅伯遜法官反駁：「也許這是真的？不過，我想這大約是因為您的藏書太少之故吧！」羅伯遜是一位性格暴躁而黨見極深的法官，曾匿名寫過多本被評為宣揚極端暴力和教條主義的政治宣傳手冊。丘倫被法官這句影射自己生活困窘的話激怒了，他這樣回答：「沒錯，尊敬的法官先生，我確實窮，買不起太多的書。我的藏書雖不多，卻是經過精選的，而且我相信自己以客觀的態度細讀過每一本書。我靠研究一些優秀的著作，使自己有資格從事這一高尚的職業，而不是去寫一大堆亂七八糟的壞書。我不以自己的貧窮為恥，相反，要是我靠奴顏婢膝和腐化墮落獲得財富，我將深以為恥。我無福出身於富貴之家，但至少我還保有誠實的美德。假如我不能做到這一點，那麼古往今來無數的事例都會告訴我，不擇手段地博取榮耀和顯赫地位只能讓我被更多的人所鄙夷、唾棄！」

對於致力於自我修養的人而言，極度的貧困絕不會成為其生活道路中的阻礙。亞歷山大．墨列教授是在一塊半邊燃焦了的舊木板上學會寫字的。他的父親——一位貧窮的牧人——擁有的惟一的書是一本一便士就能買到的《問答教學法》。

莫爾教授年輕時因無錢買牛頓的《定律》一書，就找人借了一本，把整本書用手抄了下來。許多窮學生因整日疲於生計，就像在白雪皚皚的原野裡覓食的小鳥一樣，只能用零星的時間學一點知識，但他們不懈地努力，終於贏得了信念與希望。

愛丁堡的著名作家和出版家威廉・錢伯斯在愛丁堡對一群年輕人講演時，這樣描述自己的出身：「站在你們面前的是一位透過艱苦自我修練之人。我在蘇格蘭簡陋的教區學校接受最初的教育。直到我，一個窮孩子，到了愛丁堡，才在白天的勞作之後，將每個晚上都用於磨礪萬能的造物主賦予我的心智。從清早七、八點到夜晚九、十點，我在一家書店當學徒。只有在此之後，我才能挪出一點睡眠的時間用於學習。我沒讀過小說，我的興趣集中在物理學等領域內。我還自學了法語。每當我回想起這些時光，都備感欣悅，或許還懷著一點遺憾，因為我無法再回到那段日子了。我覺得當時的我，兜裡揣著的錢還不到六便士，在愛丁堡的一個破閣樓裡學習的樂趣超過了我現在端坐在這無比豪華舒適的大廳裡的感覺。」

6·終生學習，終生受益

威廉·科比特就他當年如何學習英語語法所做的回憶，對所有身處困境中的莘莘學子一定非常富有教益和情趣。他是這樣說的：「我學習語法時還是個日薪六便士的二等兵。我那張警衛床的床沿就是我學習的地方，我的背袋就是我的書包；在膝蓋上擱一小塊木塊就是我的寫字板；我沒錢買蠟燭或燈油；在寒冷的冬夜，我只能就著火光看書。假如像我這樣，在這些極端惡劣的條件下，一無父母支持，二無朋友鼓勵，尚且能夠完成這一事業，那麼試問在座的每一位年輕人，無論有多窮，無論多麼為生計所迫，無論食宿等條件是多麼糟糕，又還能找得出什麼理由不成功呢？

「儘管我已經餓得皮包骨頭，但為了買一支鋼筆或一疊紙，我還是得從我可憐的膳食費中扣掉一點錢。我幾乎沒有一刻可以說是屬於自己的。我不得不在一大群頭腦最簡單的人的閒聊、嬉笑、歌唱、口哨和打鬧聲中讀書、寫字。你們能夠想像嗎，為了每一支筆、一瓶墨水或幾張紙，我要付出多大的代價？當時我的個子已經有現在這麼高了，我的身體很棒，運動量很大，而我們當時食宿之外的零花錢，每人每周才兩便士。對此我可真是記憶猶新，恍如昨日啊！有個星期五，我除了買生活必需品外，還剩下半便士，本想用來次日早上買條紅鯡魚。那天晚上，我實在餓餓難當，於是想從兜裡掏出半便士，發現它竟然不翼而飛了！我趴在我那單薄可憐的床單上，像個孩子似地哭了！我還想再說一遍，假如像我處在那樣的環境中，尚且能夠面對並完成這項任務，全世界還能找出一個年輕人，說他有理由無法完成這一任務嗎？」

我們還曾聽說過一個同樣令人感動的關於堅毅學習的例子。那是一個從法國來到倫敦的政治流亡者。他的本行是石匠，曾以此謀生了一段時間。但後來經濟形勢惡化，他失業了。貧窮帶來的恐懼寫在他的臉上。

在石匠走投無路之時，他無意間遇見了另一位流亡者，見他以教授法語為生，收入頗豐，便向他請教該以什麼謀生。朋友的回答是：「做教師！」「教師？」石匠詫異地說：「可……可我只是個工匠……你一定是在開玩笑吧？」朋友回答：「不！正相反，我是認真的。我真的建議你去當一名教師。我可以保證教會你怎麼去教別人。」「不！不！」石匠回答：「這不可能！我年紀太大了，哪還能再學？

我所知太少了，怎麼能成為一名學者？我哪能當一名老師？」

於是石匠離去，又去四處尋找能用得上自己本行的工作。他離開倫敦，前往外省，奔波了幾百里路，還是找不到一個雇主，只好無功而返。回到倫敦，他徑直去找那位流亡者朋友，一見面就說：「我已經試遍了所有的地方，但失敗了，現在我想試著做一名教師了！」於是他馬上開始向這位朋友求教。這位石匠思維敏捷，應用能力極強，他很快就掌握了基本語法、文法和標準的古典法語發音。當他的朋友兼老師認為他已能勝任教師一職時，石匠就去應聘一個空缺的教師職位並順利地獲得了這一職位。

瞧！我們的工匠師傅最終成了一名老師！巧的是，他任教的倫敦郊區的那家學校正是他曾做過石匠的地方。每天一早，他從教室的窗戶向外望去，第一眼看見的就是他自己建造的一座農舍煙囪！起初有一陣子，他還怕被村子裡的人認出自己而有損於學校的聲望。但當他證實自己確實是個極為稱職的教師，其學生也多次因法語成績優異而受到公開表彰時，此類顧慮就煙消雲散了。同樣，他還贏得了所有認識他的人的尊敬和友誼——無論是他的教師、同事，還是學生。而當他的過去，他面對困難，努力奮鬥的歷史被他們所知時，他們就更增添了對他的敬意。

塞繆爾・羅米利勳爵同樣是一位不知疲倦的自我修練者。他的父親是個珠寶商，祖父是法國的流亡政治犯。他小時候沒有受過什麼教育，但靠著在生活中不懈地努力奮鬥，他終於克服了所有的艱難困苦。

他在自傳中這樣寫道：「當我只有十五、六歲時，就下定決心，認真地學好拉丁文，而那時我除了一些眾所周知的語法規則之外，幾乎一無所知。此後三、四年內，我讀遍了除瓦羅、哥倫麥拉和塞色斯這些只寫技術性主題的作家之外，拉丁時代的每一位散文家的作品。我通讀了對李維、薩勒斯特和塔西佗的著作三遍。我研究過西塞羅最著名的演說，翻譯過荷馬的許多作品。泰倫斯、維吉爾、霍洛斯、奧維德和朱維諾的作品，我也是一讀再讀。」

他還研究過地理學、自然科學、自然哲學，所知匪淺。16歲時，他就當上了坎色雷法院的文書。他學習刻苦，不久就通過了律師資格考試。他的勤奮和堅毅帶來了成功的碩果。在福克斯統治的一八〇六年，他成為總檢察長，平步青雲。但他總是為一種痛苦地壓抑著的對自身素質的不滿所困擾，從未停止過不斷地求取進步以期彌補。他的自傳非常富於教益，實在值得一讀。

瓦爾特．司各特勳爵常稱他的一位青年朋友約翰．萊登是他所知的最能體現堅忍精神的典範之一。約翰是羅克斯伯格席爾窮山溝裡的一個牧民的孩子，幾乎完全靠自學成才。像許多斯考奇牧民的孩子們一樣，萊登利用在山坡上放羊的閒暇學會了識字。

正如墨列、費格林和其他許多人一樣，萊登很小就感受到一種對知識的渴求。當時他還是個打赤腳的窮孩子，每天步行四公里沼澤地，到克刻頓的一家山村小學上學。這就是他所受過的全部正規教育。就是這樣一個孩子，竟然從赤貧的山村踏入愛丁堡大學的校門。

這位奇才最早是阿希伯爾德·康斯特伯（日後成為著名的出版商），小書店的一個老主顧發現的。每天，萊登都得登上梯子，整理沈重的文件、書籍，繁重的工作讓他忘記了他的餐桌上那可憐的一點麵包和開水在等著他。閱讀書籍和聆聽講座是他所有的願望。就這樣，他在科學的大門前辛勤地勞動著、耕耘著，直到他那不懈的努力給他帶來了一切應得的勝利果實。

未滿19歲，萊登就以其對希臘文和拉丁文的淵博知識，讓愛丁堡的所有教授望塵莫及。之後，他對印度產生興趣，打算在政府部門謀求一個公職。雖未能如願，但他得知有一個外科醫生助理的空缺。他並不是外科醫生，對這一行幾乎一無所知，但他可以學習。他被告知，必須在六個月內通過考查！他毫無懼色地開始了在六個月內學習通常需要花費三年時間的知識。六個月後，他以優異的成績取得了學位。司各特和幾個朋友一起為他打點行裝。於是，萊登在發表了他那篇優美的詩作

《嬰兒之見》之後，就航海前往印度了。在印度，他決心成為一名最偉大的東方學者。但不幸的疾病打斷了他的計畫，讓這個奇才英年早逝。

已故的康橋大學希伯來語教授李博士的一生，是毅力和決心如何影響並決定一位文學界泰斗之一生的最佳例證。

李博士在勞格納附近的一所慈善學校上學時，是個毫不起眼的孩子。他的班主任甚至稱他是自己所教過的最笨的學生之一。

李博士畢業後，給一個木匠當學徒，此後幹這一行直到成年。為了充實其閒暇，他開始讀書。有的書裡時常夾雜著一些拉丁文的引文。他非常想弄明白那究竟是什麼意思，於是就買了一本拉丁文語法書，開始學習拉丁文。他起早貪黑地學習，到他的學徒期滿之時，他的拉丁文已非常嫻熟。有一天，他經過一家教堂，偶然看見一塊希臘文的墓誌銘，於是他又興起了學習希臘文的念頭。於是他就賣掉了一些拉丁文書籍，買回一本希臘語法和辭彙書。他津津有味地學習著，很快就掌握了這門語言。於是他又賣掉了希臘文的書籍，買回希伯來文的書，又開始學了起來。沒有老師指點，也不期望以此升官發財，他僅僅是為了使自己的才能得以充分施展。

他繼續學習西里西亞語等各國語言和各種方言。但他的學習與研究開始影響他的健康，晚上長期看書，損害了他的視力。經過一段時間的休息，他恢復了健康，又投入他的日常工作。

他有極好的經商天賦。事業上的成功，使他積攢了足夠的錢結婚。當時他只有28歲。婚後，他決定盡心盡力維持家庭生計，並正式放棄對文學的喜愛。為此，他賣掉了他的全部藏書。他本可以繼續做幹了一輩子的木匠活，以維持生活，但他的木工工具箱被一場火災燒毀，使他一貧如洗。

他窮得買不起新的工具，於是他考慮給兒童做家教，因為這種職業最不需要前期的資金投入。儘管他精通許多門語言，但他沒有什麼專業知識，這使他無法教下去。為了解決這個問題，他開始勤奮地自學代數和寫作，以便傳授孩子們這些基本的學科知識。

他的自然、淳樸、優雅的個性漸漸吸引了一些朋友，並使其以「博學的木匠」之美譽遠近聞名。一位鄰近的牧師斯科特博士幫他獲取了一個在希魯斯伯利慈善學校的校長職位，並把他介紹給一位著名的東方學者。這些朋友為他提供圖書，幫助他成功地掌握了阿拉伯語、巴西語和印地語。他在當地農村當民兵，仍繼續他的研究，並獲得了更多語言方面的證書。其善良的資助人斯科特博士最終更幫他進入劍橋的皇家學院。

在劍橋學習期間，他的數學成績十分優異，精通阿拉伯語和希伯來語。正好學校有個阿拉伯語和希伯來語教授職位的空缺，他就被推舉為這一職位的當然人選。

除了教授職位外，他還自願挪出業餘時間，用東方語言幫助傳教士傳播福音給東方部落。他把《聖經》翻譯成幾種亞洲方言，並幫助當時在英國的兩個紐西蘭主要官員學習語法和詞法（紐西蘭分南島北島兩大部分，當時為英國的殖民地）。他當時編寫的教學書，直到現在，仍被紐西蘭的學校作為教科書。

總之，這就是塞繆爾・李博士不尋常的經歷。它不但是堅持自我教育獲得成功的明證，也是我們許多著名的文學家和科學家生活的真實寫照。

伊薩克・拜羅小時候在學校因為壞脾氣和好爭鬥的性格而不討人喜歡，成為學者之後，又以性格狹隘和懶散惹人厭。他將自己的這一切缺陷都歸咎於他父親常說的一句話對他的影響。他的父親曾說，如果少了他的其中一個孩子，能夠讓上帝高興，他希望這個孩子是伊薩克・拜羅，因為伊薩克・拜羅最沒有希望。

著名的凱莫斯博士和科克博士小時候在聖安德弗教會學校上學時，被人們認為又愚蠢又淘氣的小孩。他們的老師在大發雷霆之後，將這兩個「不可救藥的笨蛋」開除學籍。

天才的謝里丹小時候絲毫沒有表現出任何才能。當他的母親向老師介紹他時，稱他為一個無可救藥的笨蛋。瓦爾特・司各特在愛丁堡大學上學時，戴樂爾教授當著學生的面，宣稱他以前如何如何笨，今後也絕不會聰明一點。當凱勒頓被退學回家時，他被看作是「不會有任何出息的孩子」。羅伯特・克萊弗小時候不是被喚作惡棍，就是被當成笨蛋。他總是充滿精力，十分調皮搗蛋。他的家人很高興地把他送到馬德拉斯。他就在此建立起他後來為英國統治印度的基礎。拿破崙和威靈頓都是極不討人喜歡的小男孩，在學校裡沒有一樣是出色的。就如杜切斯・達勃朗特斯所說：「他身體倒是健康，但在其它方面就像別的小孩一樣，毫無出眾之處。」

美國聯邦軍總司令尤里希斯・格蘭特小時候被他母親稱作「無用的格蘭特」。他小時候很不機靈，且不討人喜歡。李將軍最出色的中尉斯迪・傑克遜年輕時以行動緩慢聞名。然而，在西點軍校學習時，他以他的堅毅和忍耐而備受注目。只要接受了一項任務，不完成，他絕不離開。對於他沒有完全掌握的知識，他從來不會不懂裝懂。「一次又一次，」一個認識他的朋友寫道：「當他被要求回答當天背誦的問題時，他總是回答：『我還沒有看呢！我一直忙著學習昨天和前天背誦的內容。』」結果他以全班排行第17名的成績畢業。

只要有決心，即使人老了，也能學習很多東西。亨利・斯比曼爵士直到60歲才開始學習科學；佛蘭克林真正開始學習自然哲學時已50歲；德雷頓一直到40多歲時才成為作家；伯羅西奧一直到35歲才開始他的寫作生涯；艾菲利在46歲時才開始學習希臘語；阿洛德博士為了能讀懂尼采的原著，年老時仍開始學習德語；以阿姆·瓦特40歲時在格拉斯哥開辦儀器製造廠，為了能夠掌握法文、德文和義大利文的機械學，他努力學習法語、德語和義大利語；托馬斯·斯科特在56歲時才開始學習希伯來語；羅伯特·赫爾年老時，儘管臥病在床，仍然為了能夠判斷麥肯勒畫出的米爾倫與達姆特之間的平行線是否正確而學習義大利語；韓特爾一直到48歲才發表他的偉大著作。事實上，還有許多例子能夠說明許多人在年老時仍然能夠開始學習新的東西並且成功地掌握各門新的知識。只有那些憚於勤奮的人才說：「學習對我來說，太晚了！」

7．笨鳥先飛

我們在上文中一再重複說過的話：推動和領導這個社會的並不是天才，而是那些堅定、有目標、不可戰勝的勤奮者。儘管確有許多不容否認的天才早熟型人物的事例，但早慧本身並不能說明成年之後所能獲得的成就。與其說早慧是智慧的活力，還不如說，它有時是疾病的徵兆。

「天才兒童」長大後都成為什麼樣的人呢？問題兒童和天才兒童而今又何在？追蹤他們一生的足跡，常常發現，在學校總是位居末流的笨孩子，其事業的成功遠遠超過早慧的孩子。聰明的孩子常因其機敏而受獎勵，但機敏並不能保證他們就能善於運用之。得到獎勵的應該是具有努力、拼搏和服從之品性的人。儘管他們的天資平平，但正因如此，更應該讓他們的努力受到鼓勵。

著名笨人（小時候笨，長大後成為有才能的人）的例子可謂不勝枚舉。畫家皮埃托·迪·考托納小時候因為太笨，被戲稱為「傻蛋」。托馬斯·古蒂則總被叫作

「笨瓜」。經過勤奮與努力，他終於使自己贏得了最高榮譽。牛頓小時候全班倒數第二。某一次，一個優等生揍了他。這位笨孩子表現出極大的勇氣，接受挑戰，勇敢地回擊。從那以後，他下定決心好好學習，並決定成為一名優秀生以征服他的對手。他所做的努力終於使他在全班名列前茅。

慈善家約翰．霍華德是另一個著名的「笨人」。他在七年的中學裡沒有學到任何東西。史蒂文生年輕時只以投擲、摔跤術以及對工作的專注而出名。著名的亨福利爵士並不比別的孩子聰明。他的老師卡頓博士曾說：「當我與他在一起時，我並不能認識到他的才華，儘管他是因為才華而如此著名。」的確，大衛在晚年的時候還認為他很幸運地在上學期間遠離了「享受懶惰」。瓦特其實也是一位笨學生，儘管有關於他早慧的故事流傳。他的成功在於他的堅忍和執著。正是由於這些品性和他的細緻，加上訓練有素的發明能力，最終使他成了蒸汽機的發明者。

阿諾德博士有關兒童問題的論述也完全適用於成年人：一個人與另一個人的差別不僅在於才華，更在於意志和精力。意志和精力很快能養成習慣。一個人即使不夠聰慧，只要他擁有意志和專注力，只要假以時日，他就一定能超越他聰明的同伴，最終贏得勝利。正是毅力說明了為什麼孩子在校期間的排名往往跟他日後真正事業上的成功與否成反比。我們常常驚異地發現，許多在校成績優異的學生一出校門，卻變得如此平庸；而許多成績雖然靠後，但名次一直很穩定的學生，卻成為各界的領袖人物。

作者當年就曾有幸與世上最大的笨蛋之一同班。一個又一個的老師想盡辦法讓他變得聰明點，都失敗了。無論體罰、嘲笑、罵他「笨瓜」還是誠懇地乞求，都無濟於事。有時老師試著把他的成績排在班級前茅，結果他仍無可救藥地跌落到最後一名。

最後老師們都放棄了挽救這個無可救藥之笨蛋的努力，其中一位甚至稱其「愚笨真可驚世駭俗。」然而，儘管愚笨，這個孩子隨著他的成長，擁有了一種笨人的毅力。你會奇怪地發現，這個當年的笨人真正走上社會之後，卻遠遠超越了他的大多數同學。作者最近一次見到他，他已是當地的治安大法官。

一隻方向正確的烏龜賽過一隻迷失方向的野兔。一個年輕人，只要他勤勉，笨一點沒什麼關係。頭腦敏捷未必是好事，正如有的孩子記憶極強，但忘性也一樣強。而且，一個聰明的年輕人會覺得沒有必要像不太聰明的年輕人那樣，培養隨時運用的習慣和堅忍的品性，而這種習慣和品性對於任何性格的塑造都至關重要。正如戴維所言：「我現在所有的一切，都是由我自己所賜。」這是一句放諸四海而皆準的名言。

最後，讓我這樣結束我的講演吧：最好的教育不是在學校或大學從老師那兒獲得的，更多的是當我們成人後，通過勤奮的自我教育所致。因此，為人父母者毋須期望孩子們的智力過早地出類拔萃，而應該耐心地觀察與等待；通過良好的榜樣與不懈的磨煉以取得良好的效果，剩下的就全都交託上帝了。我們要讓他們明白：應該趁年輕的時候，自由地鍛鍊其體能，擁有強壯的體魄，引導自己完全走上自我教育的道路；仔細培養其不斷運用的習慣和堅忍的品性。只要他具備了這些良好的素質，他在今後就能信心百倍地在自我教育之道上自由馳騁了。

國家圖書館出版品預行編目資料

自勵的勇氣／塞繆爾・斯邁爾斯 -- 初版
-- 新北市：新潮社，2018.01
冊；　公分
ISBN 978-986-316-696-2（平裝）
1. 成功法　2. 自我實現

177.2　　106020503

自勵的勇氣

作　　者　塞繆爾・斯邁爾斯
企　　劃　天蠍座文創製作
出　　版　新潮社文化事業有限公司
電話 02-8666-5711
傳真 02-8666-5833
E-mail：service@xcsbook.com.tw

印前作業　東豪印刷事業有限公司
印刷作業　福霖印刷有限公司

總 經 銷　創智文化有限公司
新北市土城區忠承路 89 號 6F（永寧科技園區）
電話 02-2268-3489
傳真 02-2269-6560

初版　2018 年 1 月